FLEURUS - IDÉES

*Artisanat contemporain*

# MOSAÏQUES D'AUJOURD'HUI

ELAINE M. GOODWIN

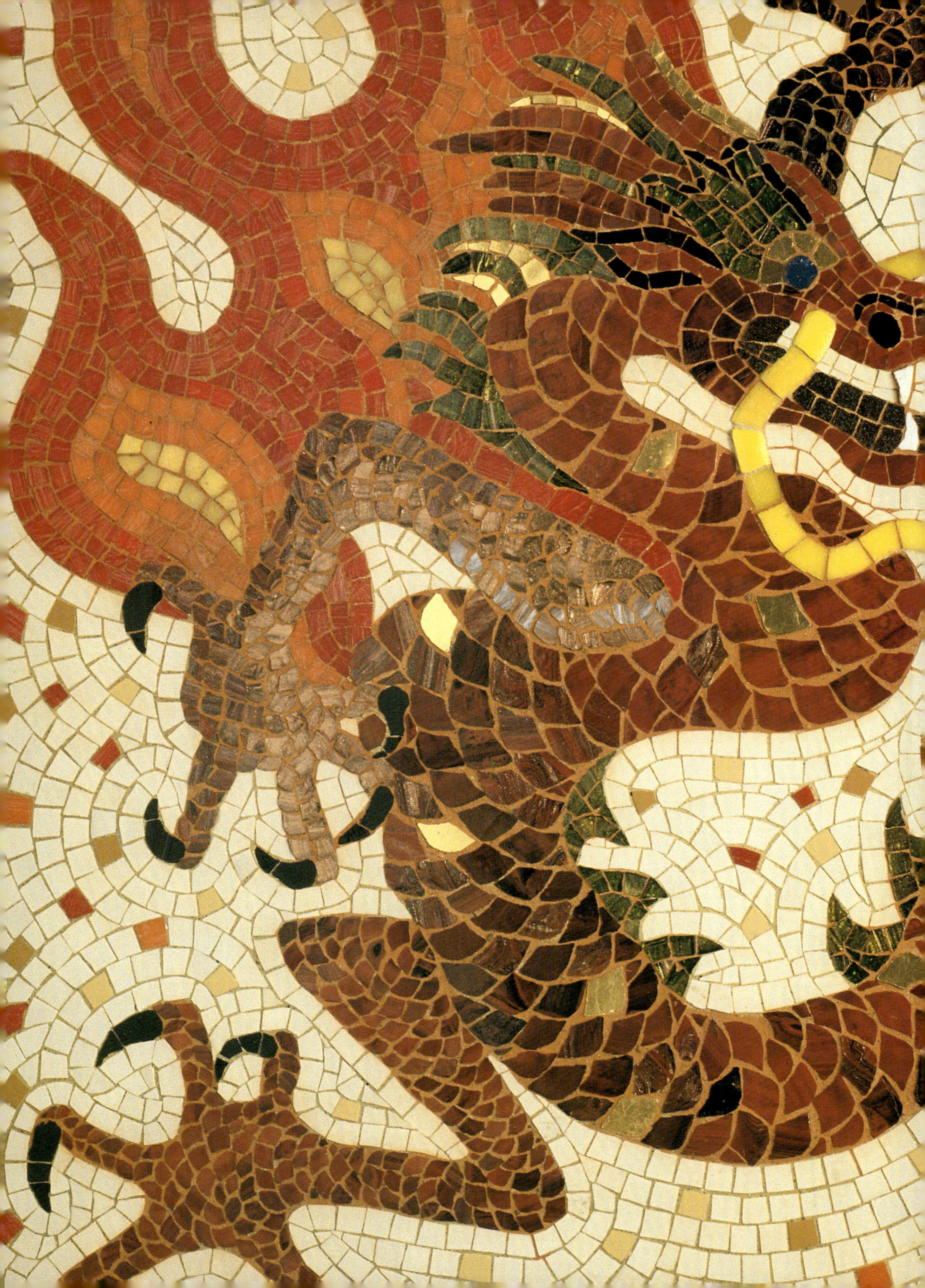

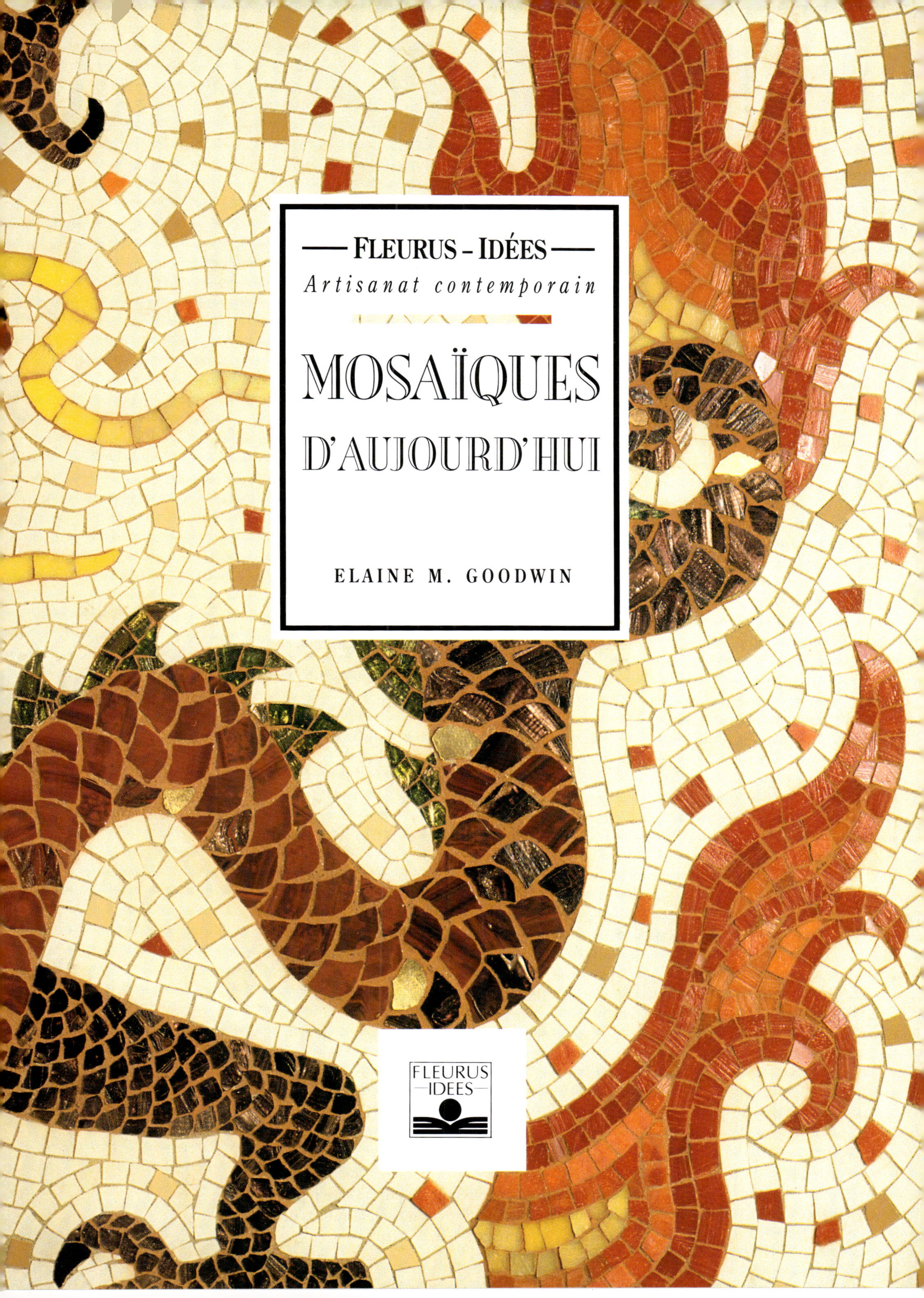

— FLEURUS - IDÉES —
*Artisanat contemporain*

# MOSAÏQUES D'AUJOURD'HUI

ELAINE M. GOODWIN

FLEURUS IDEES

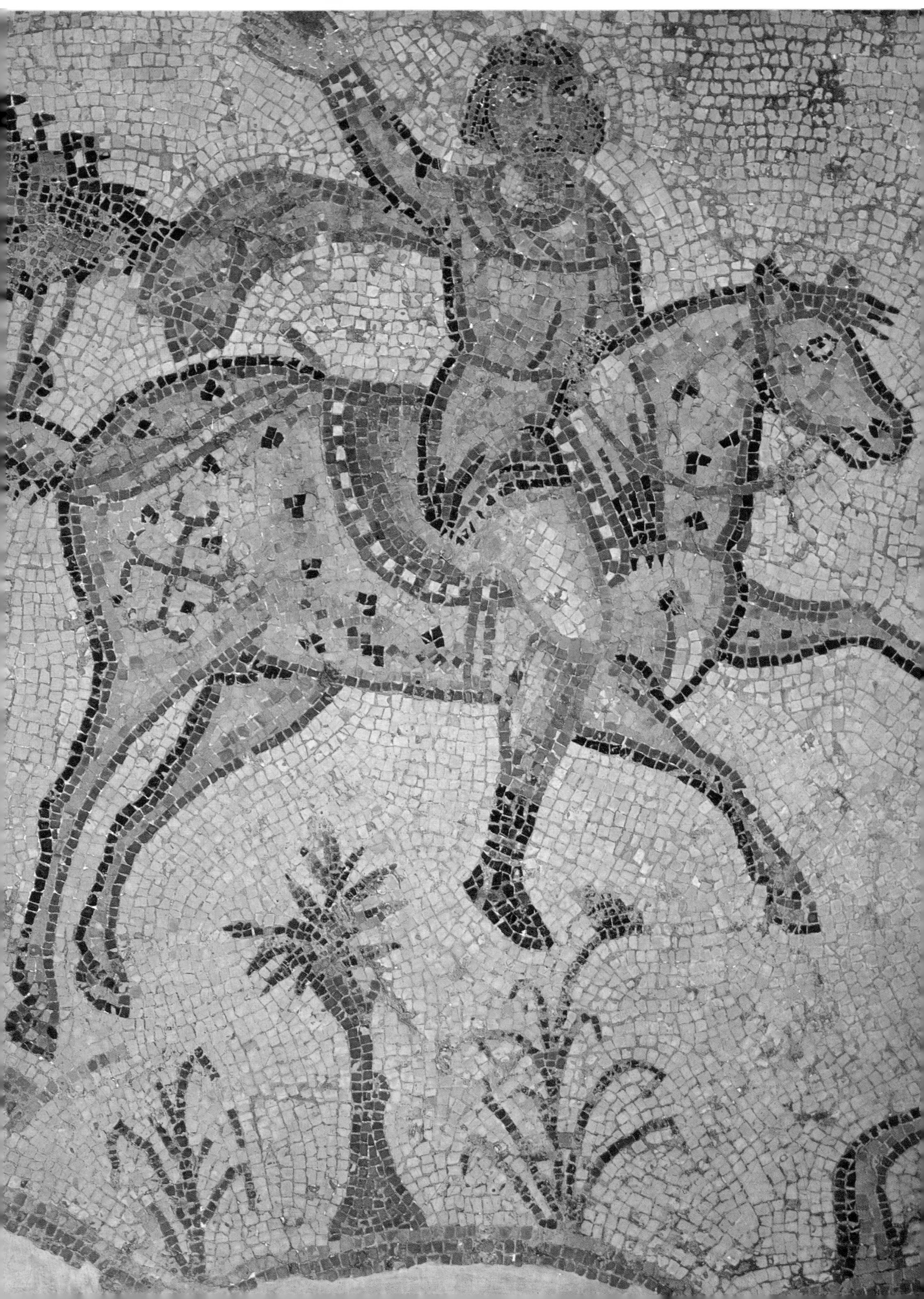

# INTRODUCTION

L'art de la mosaïque consiste à assembler différents éléments ou morceaux de pierre, de verre, etc. afin d'obtenir un tout unifié doté de sa propre identité. La mosaïque dépend de l'élément ou des combinaisons d'éléments utilisés et de la manière dont sont conçus et agencés les trous ou interstices qui séparent et unifient ces éléments. Ces éléments sont appelés « tesselles », c'est-à-dire « petits cubes », ou « cubes quadrangulaires ». Les tesselles peuvent être en marbre, en pierre, en verre, en galet ou en d'autres matériaux.

L'art de la mosaïque a toujours joué un double rôle, à la fois décoratif et fonctionnel. Aussi bien dans la décoration que dans l'architecture intérieure, ses capacités à revêtir les sols, les murs et les plafonds, sont exploitées depuis des siècles.

Dans les mosaïques les plus anciennes découvertes en Mésopotamie entre le Tigre et l'Euphrate (aujourd'hui l'Irak) et datant de 3000 av. J.-C., des chevilles d'argile coniques sont enfoncées dans le mortier recouvrant les murs pour renforcer la structure. Les têtes circulaires de ces chevilles sont colorées et forment des dessins géométriques sur les murs. Le rôle décoratif et esthétique de la mosaïque est certainement dû en grande partie à l'art ancien de l'incrustation, découvert à la fois dans l'Ancienne Égypte et l'Ancien Mexique. Des masques, des ornements et des armes de guerre sont incrustés de mosaïque. Différentes techniques se développent à cette époque ; les Mexicains, par exemple, appliquent de la turquoise sur des objets votifs ou cérémoniaux. Ils s'intéressent tout particulièrement à la beauté des pierres et à la richesse de la surface texturale, à la différence des Romains qui élaborent des méthodes plus formelles pour tailler et agencer les pierres (*opus*).

À l'époque gréco-romaine, la mosaïque connaît un essor important, d'abord au niveau purement utilitaire pour recouvrir les sols, puis, sa vocation décorative se développant, pour créer des panneaux muraux d'un réalisme narratif. Un style plus naïf et vivant fait également son apparition, en particulier sur les fontaines des jardins, utilisant des objets de récupération, dont des coquillages et des cailloux.

Les mosaïques de pavement dans les lieux privés et publics constituent une surface résistante et pratique, au même titre que les revêtements de sol et les carrelages utilisés aujourd'hui. Les plus beaux exemples sont formés de tesselles en pierre et en marbre dessinant de superbes motifs décoratifs originaux. Des mosaïques remarquablement bien conservées ont été découvertes dans les différentes provinces de l'Empire romain ; certaines sont même intégrées dans les pavements des synagogues en Israël. L'utilisation d'*emblemata* est alors assez courante. Il s'agit de panneaux insérés relativement raffinés, conçus pour arrêter le regard ou pour agir comme un point focal central dans le schéma ou le thème général. Ces *emblemata* sont vraisemblablement exécutés sur des plateaux, et même sur de la toile de jute, puis transférés sur le lieu définitif. Les couleurs des premières mosaïques sont généralement celles de la pierre naturelle – vert, bleu, ocre, blanc, brun-rouge et noir – auxquelles viennent s'ajouter progressivement, sans doute dès le deuxième siècle av. J.-C., les teintes claires du verre.

La période chrétienne-byzantine qui suit voit l'essor de la mosaïque abstraite. L'art de la mosaïque est très protégé et son pouvoir visuel est pleinement utilisé dans les grandes églises chrétiennes, comme à Ra-

*Les Romains appréciaient la grande beauté des mosaïques, comme le montre cette œuvre,* Le Cavalier barbare de Carthage, *vers 500 av. J.-C. (British Museum).*

venne. (Plus tard, les mêmes artistes décoreront les mosquées de Jérusalem et Damas). Cet encouragement officiel favorise les expériences techniques et artistiques. On utilise au maximum un nouveau matériau, la pâte de verre, tout en élaborant un système unifié de décoration et d'expression hiérarchique. La couleur fait l'objet d'études approfondies. On découvre qu'en enfonçant de biais les pâtes de verre dans le mortier, leur pouvoir réfléchissant peut être pleinement exploité, créant d'extraordinaires jeux de lumière et d'ombre sur toute la surface. En opposition au réalisme, l'accent est mis sur le pouvoir abstrait de la forme au travers du décor conceptuel.

L'art de la mosaïque connaît une autre phase d'activité intense aux XIe et XIIe siècles, avec le lancement de grands projets décoratifs à Venise, en Grèce, en Sicile et à Rome, destinés à valoriser la religion chrétienne.

Au XVe siècle, en Amérique centrale, les conquistadors apportent une grande habileté à la décoration en mosaïque des objets rituels, appliquant de la turquoise et d'autres pierres naturelles sur des supports en bois, en pierre, en coquillage et même sur des crânes. Ils utilisent généralement des tesselles régulières, carrées, et attachent davantage d'importance à la couleur et à la texture qu'aux motifs. La mosaïque est comme une peau parée de bijoux.

*Vasque avec oiseaux et chat, vers 79 av. J.-C., musée de Naples. Les Romains avaient un bon sens de l'observation, comme le montre la manière dont est rendue ici la tension entre les perroquets et le chat.*

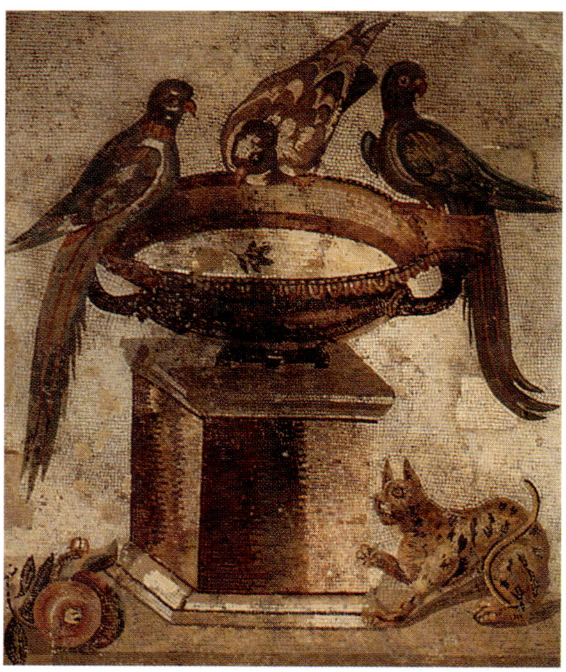

Entre-temps, on assiste en Europe, au cours de la Renaissance italienne, au déclin progressif de l'intérêt porté à la mosaïque comme art décoratif à part entière. Certains peintres se servent de la mosaïque pour créer des fac-similés de leurs œuvres, ou *pitture per l'eternita*, où la fragmentation des tesselles est si bien dissimulée que l'œuvre ne ressemble plus à une mosaïque, mais a la luminosité et l'aspect d'une peinture à l'huile, comme par exemple *La Transfiguration* de Raphaël, à Saint Pierre de Rome.

Au XVIIIe siècle, la mosaïque dégénère en une curiosité miniaturiste avec l'utilisation des *smalti filati,* ou « pâtes de verre filées », baguettes obtenues en fondant et en filant les pâtes de verre. Ces micromosaïques ne comportent pas moins de 225 tesselles par centimètre carré. Elles dénotent une grande virtuosité technique, sans pour autant posséder les véritables qualités de la mosaïque. Il faut attendre la période de l'art nouveau, qui marque la renaissance des arts décoratifs pour que la mosaïque soit redécouverte et retrouve une nouvelle vigueur.

Gustav Klimt (1862-1918) dont les peintures sont quasi pointillistes, a une prédilection pour les arts décoratifs. En 1903, il découvre avec enthousiasme les mosaïques de Ravenne. Dans ses panneaux muraux ornant la salle à manger du palais Stoclet, à Bruxelles, il mélange les pâtes de verre, la peinture, les carreaux faits sur mesure et la céramique.

Antonio Gaudi (1852-1926) innove en revêtant de mosaïque les murs extérieurs de certains bâtiments, afin de leur donner leur effet propre. Fidèle à la tradition mauresque espagnole, il emploie des carreaux émaillés mais, à la différence de Klimt, qui se sert de matériaux coûteux fabriqués spécialement pour lui, il utilise des débris et des objets de récupération. Gaudi applique ces fragments à la manière d'une peau enveloppant des formes, ouvrant ainsi la voie à l'application de mosaïque sur des œuvres en volume et des sculptures.

L'inventivité de Gaudi influence les peintres et les muralistes mexicains politiquement engagés des années 1950. Utilisant le verre à vitre, moins onéreux, et s'inspirant de l'art précolombien des cultures Maya et Teotihuacan, ils ornent les bâtiments publics d'énor-

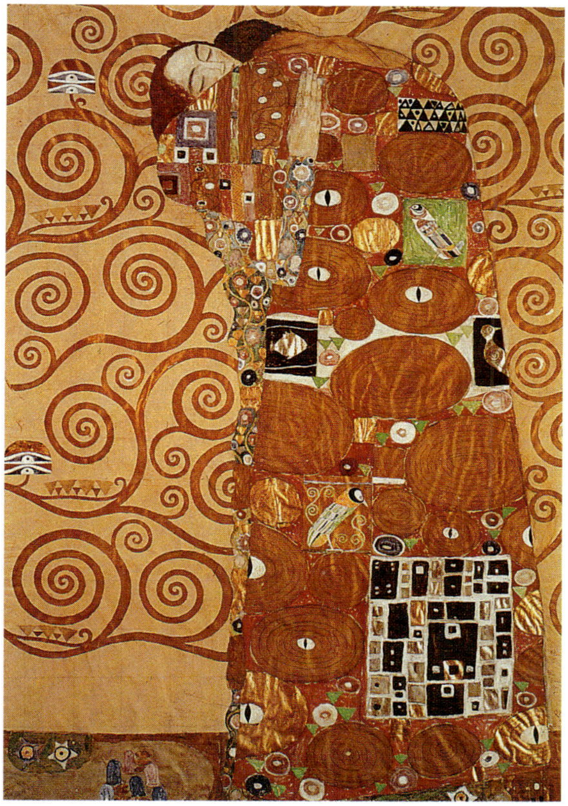

*Gustav Klimt, Le Baiser, 1905-1909. Carton préparatoire pour une grande frise ornant le palais Stoclet, à Bruxelles. La frise fut réalisée avec du marbre blanc, des pâtes de verre d'or et des carreaux faits sur mesure.*

mes mosaïques créées au nom du réalisme social. Diego Rivera, D. A. Siqueiros, José Chauvez Morado et Juan O'Gorman conduisent ce renouveau dynamique de la mosaïque. À nouveau le pouvoir de la mosaïque est utilisé en tant qu'expression visuelle d'une forte croyance. L'art islamique continue de voir dans la mosaïque un art architectural mettant en œuvre des carreaux de céramique de couleur prétaillés formant un damier géométrique.

De nombreux artistes du xx^e^ siècle choisissent la mosaïque pour s'exprimer : Jeanne Reynal et Joseph Young aux États-Unis, Hans Unger, Boris Anrep et Eberhard Schulze en Grande-Bretagne, et Jean Bazaine en France. Diverses expériences sont réalisées avec des objets de récupération – sculptures, mosaïques isolées et œuvres monumentales. Cependant, parallèlement à cette créativité, la mosaïque est de plus en plus souvent utilisée de manière stérile et dégradante pour revêtir à moindres frais les façades des bâtiments publics et commerciaux. Peu à peu, la mosaïque n'est plus considérée comme un véritable moyen d'expression artistique, tendance qui est encouragée par bon nombre d'artistes renommés qui font faire de leurs peintures des interprétations en verre et en pierre, des « peintures pour l'éternité », par des artisans expérimentés des ateliers du Vatican, de Ravenne, de Spilimbergo et de Venise. Marc Chagall, Hans Erni et Oskar Kokoschka en font partie.

Dans les années 50 cependant, certains restent fidèles au véritable esprit de la mosaïque, comme Simon Rodia (Watt's Tower, Los Angeles, États-Unis), Raymond Edouard Isidore (La Maison Picassiette, Chartres, France), Niki de Saint-Phalle (Il Giardino dei Tarocchi, Toscane, Italie), et Neck Chand (The Rock Garden, Chandigarth, Inde). Leur inspiration expressive et naïve résulte d'une réaction spontanée vis-à-vis de la mosaïque ; tous utilisent une grande variété de matériaux – matériaux de récupération, verre, porcelaine, métal et céramique – dans un style architectural et sculptural unique.

Aujourd'hui, de nombreux artistes choisissent la mosaïque comme moyen d'expression, appréciant à la fois ses qualités formelles et sa souplesse d'emploi. Parmi ces mosaïstes, citons – cette liste n'est nullement exhaustive – Lucio Orsoni, Félice Nittolo et Mimmo Paladino en Italie, Jane Muir et Arthur Goodwin en Grande-Bretagne, Claude Rahir en Belgique, Alexandre Koroouhhoc en URSS et Jerry W. Carter et Susan Bacik aux États-Unis.

L'art de la mosaïque est un moyen d'expression intéressant et peut facilement être pratiqué chez soi. Il ne requiert aucune qualité spéciale, si ce n'est le désir d'explorer un sens naturel du dessin qui existe en chacun de nous, tout en étant prêt à travailler à un rythme relativement lent. C'est une activité qui prend beaucoup de temps, mais à laquelle chacun peut trouver du plaisir. Les mosaïques très simples sont souvent très belles.

Les techniques décrites dans les pages suivantes peuvent être appliquées à la décoration d'objets ordinaires ou à la création d'œuvres de grandes dimensions. Les réalisations proposées dans cet ouvrage sont expliquées étape par étape pour encourager le lecteur à créer plutôt qu'à imiter et pour l'inviter à explorer les grandes possibilités qu'offre la mosaïque comme moyen d'expression personnel.

# MATÉRIEL

## MATÉRIAUX

Les matériaux utilisés pour la mosaïque sont des matériaux traditionnels ou particuliers. Nous ne mentionnons ici que les matériaux servant pour les réalisations proposées dans cet ouvrage ; vous pouvez également utiliser des galets, des coquillages, des pierres, du marbre, de l'ardoise et divers objets de récupération. Le mosaïste n'a jamais fini d'acheter ou de se procurer des outils ou des objets qui lui faciliteront le travail. Essayez, lorsque vous utilisez un matériau, d'exploiter toutes ses possibilités et vérifiez que sa couleur, sa forme et sa texture s'intègrent parfaitement à la mosaïque.

### PÂTES DE VERRE

Matériau classique. Les pâtes de verre (également appelées *smalti*) sont de petites tesselles en verre, généralement opaques, dont la surface coupée possède un grand pouvoir réfléchissant. Le verre en fusion est coloré par des oxydes métalliques, puis les pâtes de verre sont découpées à la main dans de grandes « crêpes ». Leurs dimensions varient, la taille la plus courante étant 10 x 15 mm. Les pâtes de verre sont généralement classées et vendues par groupes de couleurs : ors, rouges, oranges et jaunes ; blancs, verts et bleus ; et noirs, gris et bruns.

Le *smalto antico* est un verre plus grenu contenant davantage de sable. Il ressemble au type de verre utilisé dans les mosaïques de Ravenne. Un peu plus d'1 kg couvre 30 $cm^2$.

### PÂTES DE VERRE D'OR

Feuille d'argent et d'or (24 carats), martelée très finement et posée sur un support en verre coloré, puis recouverte d'une fine pellicule de verre (souvent colorée). Le métal étant noyé, la tesselle peut être utilisée à l'envers, le métal brillant à travers le verre coloré. Les tesselles sont découpées à la main ; leur taille varie, la plus courante étant 20 x 20 mm.

### TESSELLES VITREUSES

Carrés de verre manufacturés de dimensions et de formes identiques. Le verre en fusion est versé dans des plateaux en forme de gaufres et pressé de manière à ce que la face supérieure soit plate. La face inférieure est biseautée et couverte de rainures assurant une bonne adhérence. L'arête biseautée permet au matériau de s'incurver naturellement sur un support en volume et facilite l'assemblage des tesselles. Souvent achetées en feuilles et collées à l'envers sur du papier ou de la gaze, elles peuvent facilement être enlevées et triées. Il existe une large gamme de couleurs dont un verre cuivré étincelant. Les tesselles vitreuses sont pratiquement indestructibles et résistent à la fois au gel et à la lumière. 20 x 20 mm est la dimension la plus courante.

### TESSELLES EN CÉRAMIQUE

De couleurs et de dimensions très variables, elles existent vernies et non vernies. C'est le moins cher des matériaux vendus dans le commerce. La gamme de couleurs correspond aux couleurs les plus naturelles de la nature ; ocres, verts, brun-rouge et noir et blanc. Matériau idéal pour encadrer des panneaux de mosaïque.

### FRAGMENTS DE MIROIRS

Les fragments de miroirs ont un support en toile qui les protège des éraflures et de l'usure. Utilisez une pince japonaise pour les couper.

### CARREAUX DE CÉRAMIQUE ET PORCELAINE

Ces matériaux créent des surfaces texturées vivantes que l'on pose directement dans le ciment. Ils se cou-

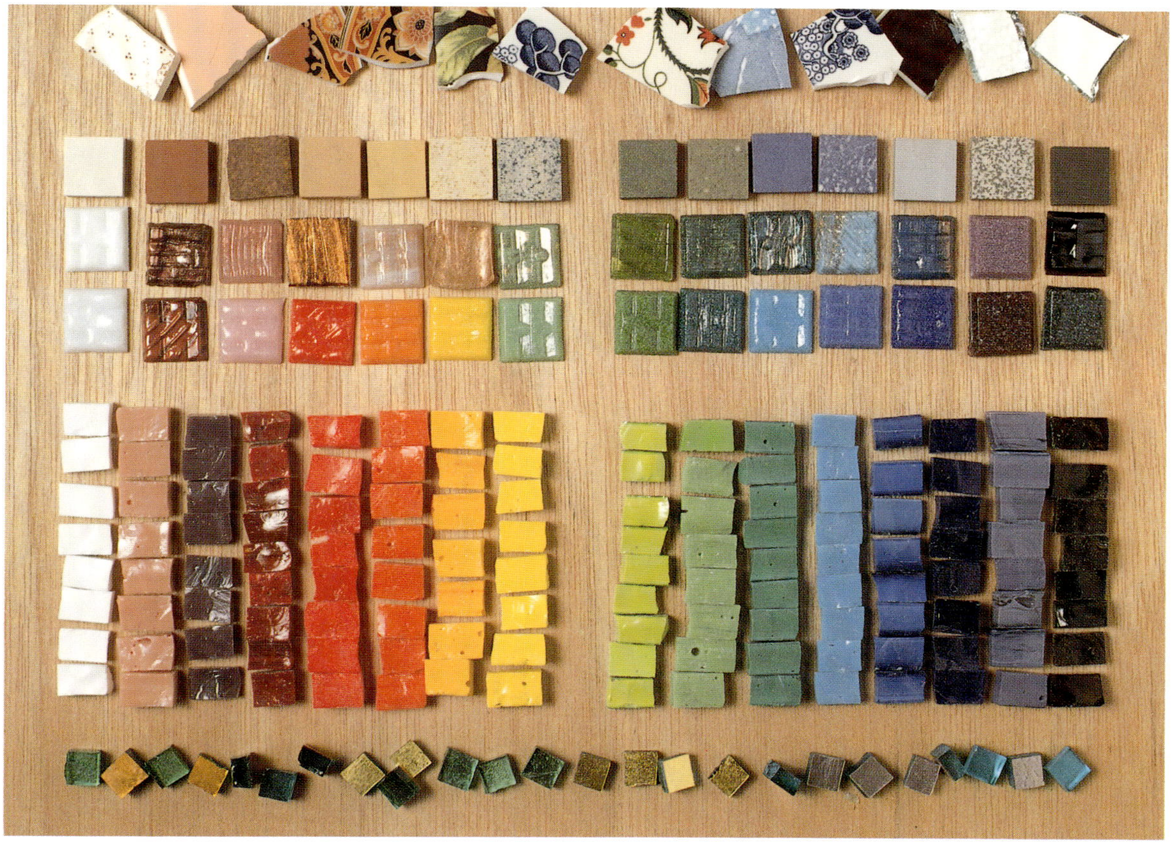

*Différents matériaux peuvent être utilisés pour exécuter une mosaïque, des pâtes de verre classiques à la porcelaine et aux carreaux de céramique. Galets, pierres, coquillages et autres objets de récupération peuvent également constituer d'excellentes surfaces.*

pent avec une pince japonaise. Les couleurs et les finitions sont illimitées ; de vastes pans de murs peuvent être couverts à moindres frais et en peu de temps.

**SUPPORTS**

Le matériau utilisé dépend de l'emplacement de la mosaïque – à l'intérieur ou à l'extérieur –, de sa taille et du type de tesselles utilisées. Le contre-plaqué, qu'il soit à usage interne, externe ou en milieu humide, convient pour tout travail direct interne. Une planche de 6 mm d'épaisseur convient généralement. Les réalisations proposées dans cet ouvrage sont exécutées sur un support en gaze, en céramique, en bois ou sur de vieux meubles. Les tesselles peuvent également être appliquées sur des supports en résine et en Perspex (Plexiglas), ces matériaux étant légers et résistant aux intempéries.

**COLLES**

Le type de colle utilisé dépend généralement de l'emplacement de la mosaïque une fois terminée et des conditions dans lesquelles elle est exécutée.

CIMENT : matériau indispensable possédant d'excellentes propriétés adhésives, utilisé pour fixer et sceller tout type de mosaïques, dont les mosaïques en verre, en marbre et en céramique.

CIMENT-COLLE : (éthylène/acétate de vinyle) : colle et liant universel, d'excellente qualité.

RÉSINE ÉPOXY : colle contact composée d'une résine et d'un durcisseur qui doivent être mélangés avant l'em-

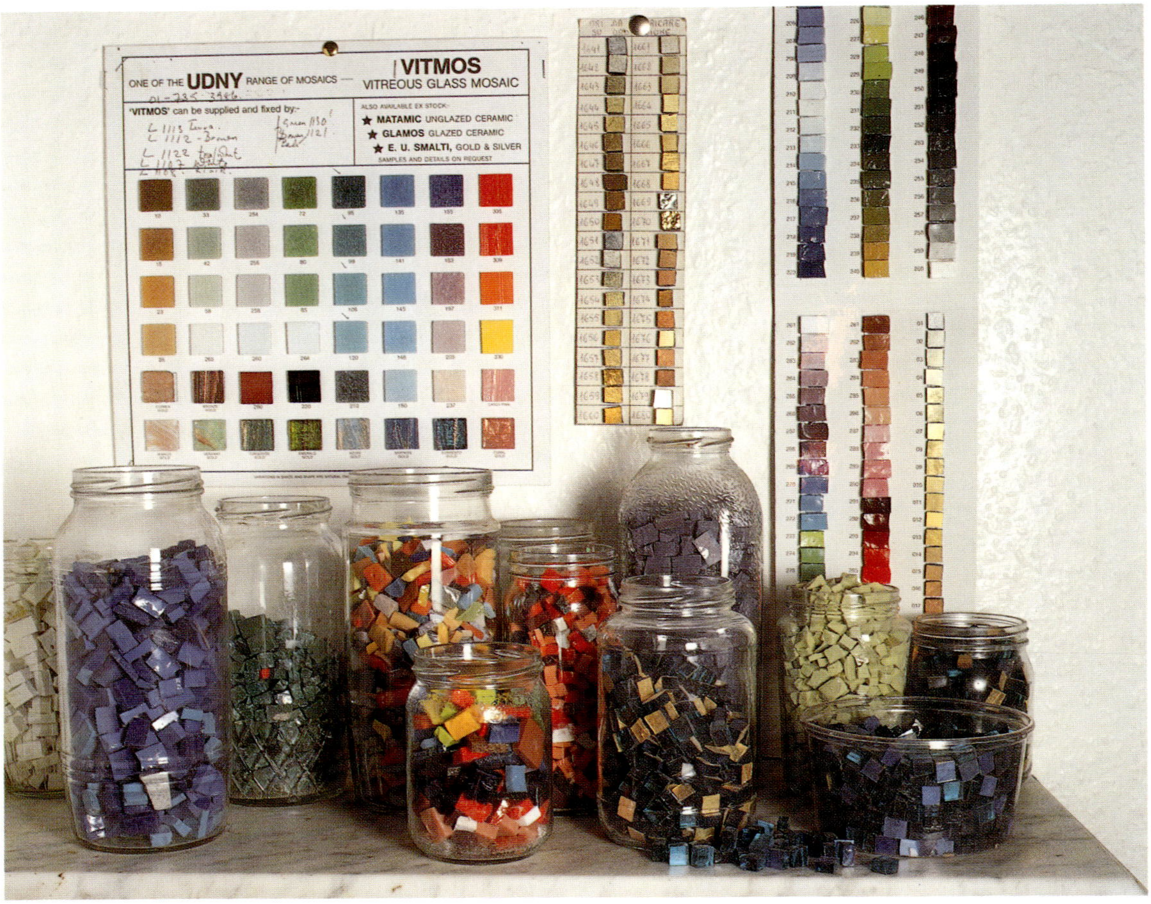


*Les tesselles stockées dans des récipients en verre ou dans des sacs en polyéthylène transparents sont facilement identifiables.*

ploi. Bonne adhérence dans toutes les conditions, colle puissante, résistant aux intempéries et légère. Cependant, elle coûte cher et doit être utilisée rapidement, dans une pièce bien aérée.

GOMME : colle à l'eau. Idéale pour les méthodes indirectes où les tesselles en verre ou en céramique ne sont collées que provisoirement. S'enlève facilement à l'eau.

**CIMENT**

Ciment Portland, ainsi appelé à cause de sa couleur qui rappelle celle de la pierre de Portland ; utilisé dans les réalisations proposées dans cet ouvrage. Produit bon marché, sensible, excellent pouvoir adhésif, couleur neutre. Doit être stocké dans un local sec, dans une poubelle en plastique ou un récipient similaire. Produit alcalin à manipuler avec des gants en caoutchouc.

**SABLES**

Variété de couleurs (rouge, jaune et argent) et de tailles de grains. Dans toutes les réalisations de cet ouvrage, à l'exception du pavé (voir p. 40), on utilise du sable fin de différentes couleurs. En cas de doute sur la dimension des grains, utilisez un tamis. Les sables grossiers rendent le mortier plus résistant, mais on se sert toujours de sable finement tamisé pour les petites mosaïques et pour le mortier.

**COLORANTS POUR CIMENT**

Il existe une vaste gamme de couleurs incluant le vert,

le rouge, le jaune, le bleu et le noir. Utilisez ces colorants, en n'ajoutant à chaque fois qu'une seule cuillerée à café au ciment sec ou au mortier, la couleur étant indélébile et intense. Évitez d'utiliser du ciment blanc, sauf pour obtenir un effet particulier, le blanc ayant tendance à décolorer les tesselles avoisinantes. Vous constaterez que la couleur grise naturelle du ciment, de par sa grande neutralité, tend à augmenter la brillance des tesselles avoisinantes. Les récipients contenant les colorants doivent être clairement étiquetés et stockés en lieu sûr.

## OUTILLAGE ET MATÉRIEL

CARNET : ayez toujours un carnet sur vous pour dessiner, prendre des notes et griffonner.

STYLOS, FEUTRES ET CRAYONS : pour dessiner les motifs et les reproduire sur une planche ou sur un autre support.

BROSSES : sélection de brosses : pinceaux pour aquarelle, brosses à dents, brosses à ongles, brosses de tapissier et brosses de maçon.

RÈGLE OU RÈGLE MÉTALLIQUE : pour dessiner, mesurer et exécuter des bordures.

COUTEAUX À PALETTE : pour appliquer la colle et égaliser le mortier.

FORET OU VRILLE : pour percer des trous dans le bois, afin de mettre en place vis et attaches.

LUNETTES ET MASQUES DE PROTECTION : pour se protéger de la poussière et des projections de particules de verre, etc.

GOMME : pour effacer.

COMPAS : pour dessiner des cercles et mesurer.

PINCETTES : indispensables pour « piquer », enfoncer et déplacer de petites pièces.

TOURNEVIS : pour fixer et accrocher les mosaïques.

VASELINE : pour graisser les cadres en bois et enlever plus facilement les dalles de béton.

CISEAUX ET CUTTER : pour découper le papier et la gaze, strier et découper des fragments de mosaïque collés sur papier dans la méthode indirecte.

PINCE JAPONAISE, MARTELINE ET TRANCHET : outils pour couper la mosaïque (voir p. 18).

PAPIER MILLIMÉTRÉ, PAPIER-CALQUE, CARTON ET GAZE : pour dessiner les motifs (voir p. 19).

PAPIER KRAFT, GAZE ET PLANCHE EN BOIS : utilisés comme supports pour la mosaïque.

CADRE EN BOIS : pour encadrer les dalles de béton. Peut être fabriqué à domicile avec des baguettes en bois de 1 cm x 5 à 7,5 cm. Les angles peuvent être assemblés en onglet ou simplement en « T ». Les baguettes ne doivent pas mesurer plus de 50 cm de long, sinon les dalles de béton seraient trop lourdes.

ACIDE CHLORHYDRIQUE : pour enlever l'excédent de ciment (peut être remplacé par des produits servant à nettoyer le mortier ou les sols). Les récipients doivent être clairement étiquetés et stockés en lieu sûr.

TAMIS : pour tamiser le sable fin.

RÉCIPIENT : pour mélanger le mortier de ciment.

GANTS : gants de chirurgien (bien ajustés) et gants en caoutchouc pour se protéger les mains lorsque l'on manipule du ciment, de l'acide, etc.

CHIFFONS ET ÉPONGES : pour humidifier, nettoyer et polir.

TALOCHE DENTELÉE : pour étaler le ciment sur les sols, pour égaliser et enduire les murs. La face plate sert à lisser la surface, le bord dentelé à créer des rainures qui améliorent l'adhérence.

RACLETTE : pour distribuer le mortier de ciment uniformément sur toute la surface de la mosaïque.

TRUELLES : de tailles et de formes différentes pour mélanger et appliquer le mortier de ciment.

BROSSES : pour nettoyer à l'acide, polir et peindre.

COUTEAUX : pour nettoyer l'excédent de ciment une fois les tesselles posées directement dans le ciment.

POT : pour stocker et verser l'eau.

**L'ATELIER**

Pour travailler, les mosaïstes ont impérativement besoin de ce qui suit :

*Table, établi ou chevalet* réglé à la bonne hauteur pour travailler assis ou debout.

*Bon éclairage* à la fois de jour et de nuit.

*Point d'eau* accessible.

*Un endroit à l'extérieur*, si possible, pour effectuer les travaux salissants, par exemple pour cimenter et nettoyer.

*Revêtement de sol* résistant, se nettoyant et se brossant facilement.

*Étagères* pour ranger les tesselles et autres matériaux.

*Récipients en verre et sacs en polyéthylène transparents*, pour stocker les matériaux et pouvoir les identifier rapidement et facilement.

*Endroit pour stocker* le mortier et les planches.

*Endroit « propre »* pour dessiner et travailler.

*Table roulante*, très utile pour poser les objets et les tesselles devant être utilisées dans l'immédiat, car elle peut être déplacée sur le lieu de travail.

# OUTILLAGE ET MATÉRIEL D'ATELIER

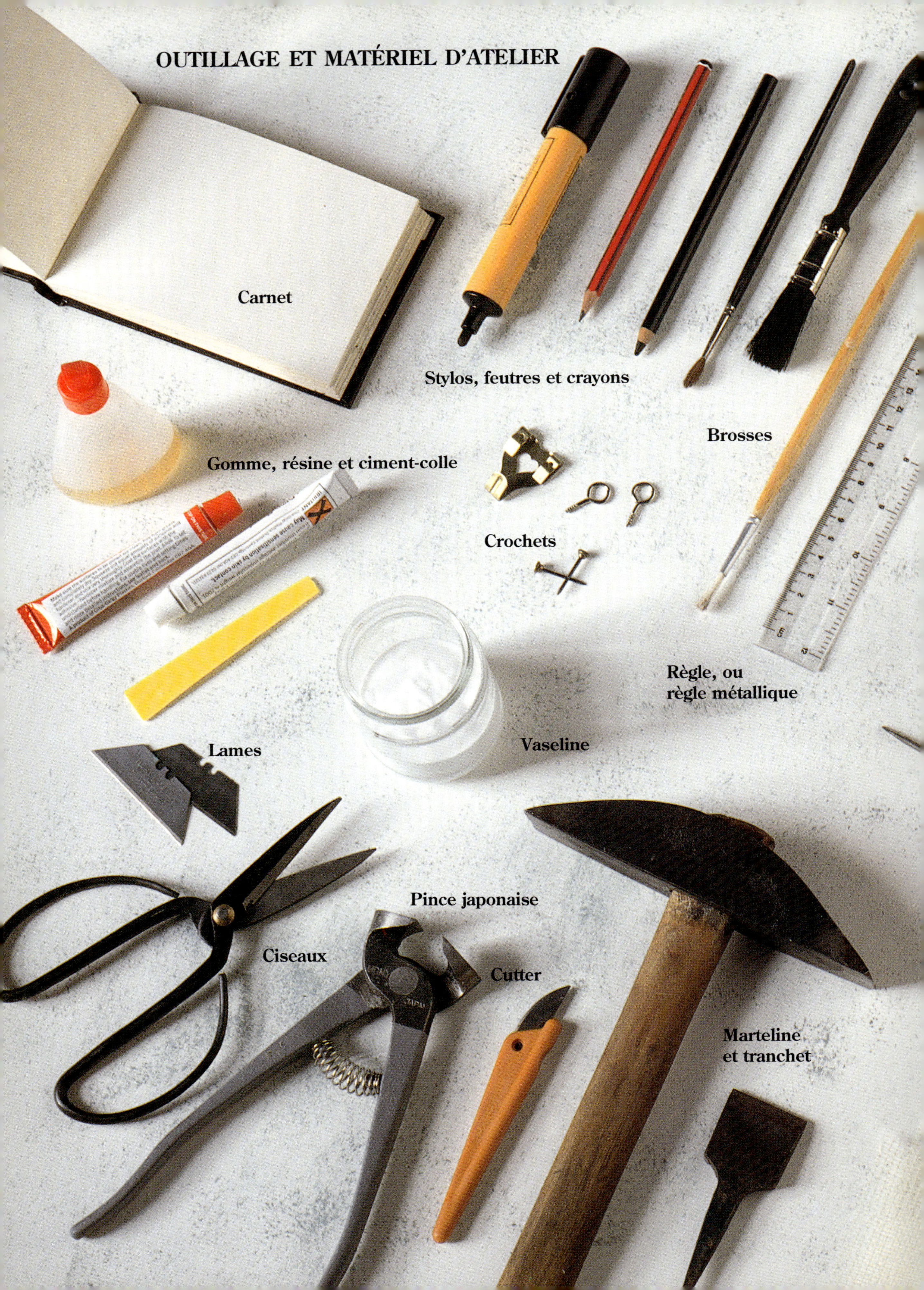

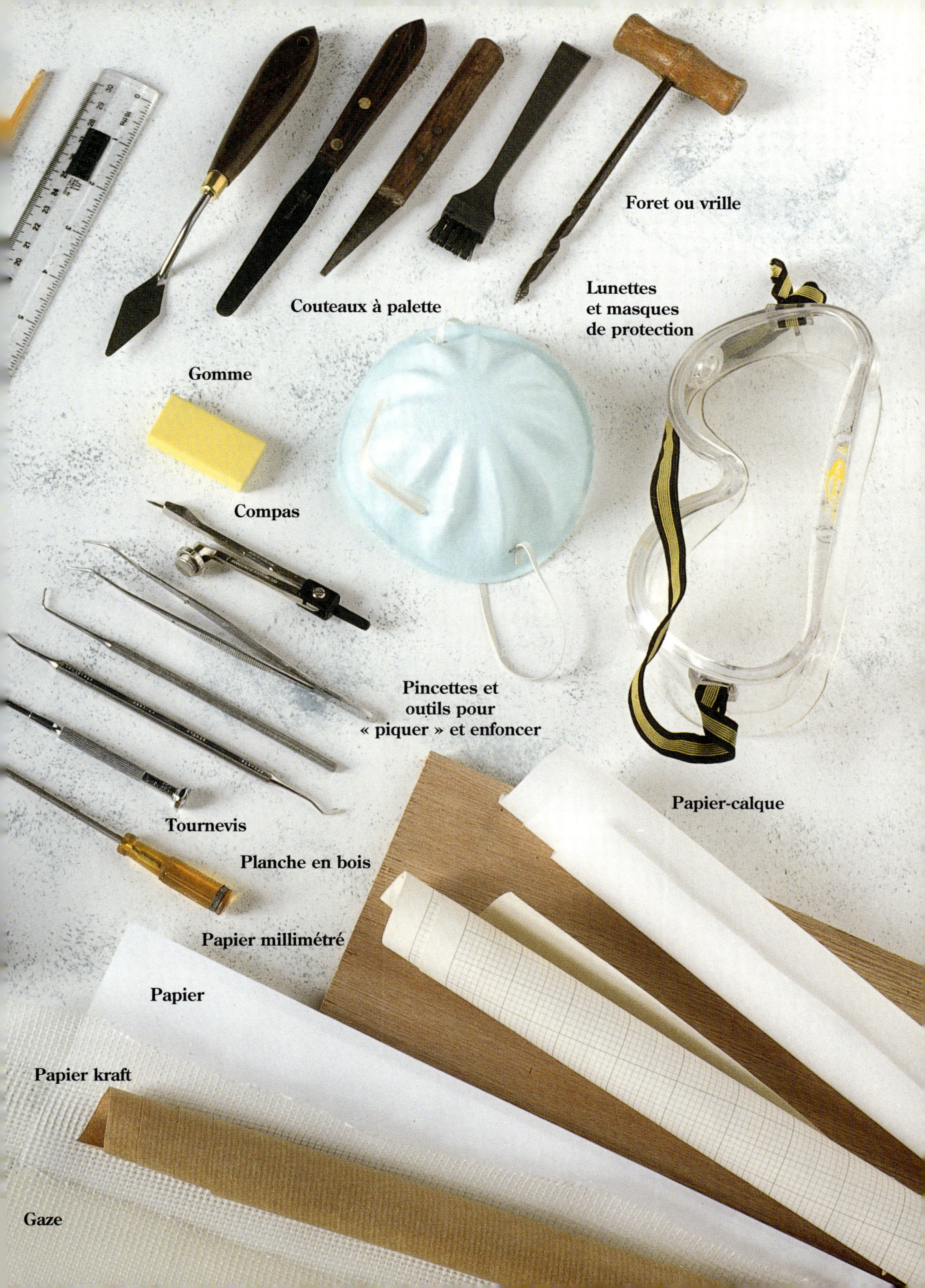
Foret ou vrille
Couteaux à palette
Lunettes
et masques
de protection
Gomme
Compas
Pincettes et
outils pour
« piquer » et enfoncer
Papier-calque
Tournevis
Planche en bois
Papier millimétré
Papier
Papier kraft
Gaze

# MATÉRIEL POUR LA CIMENTATION

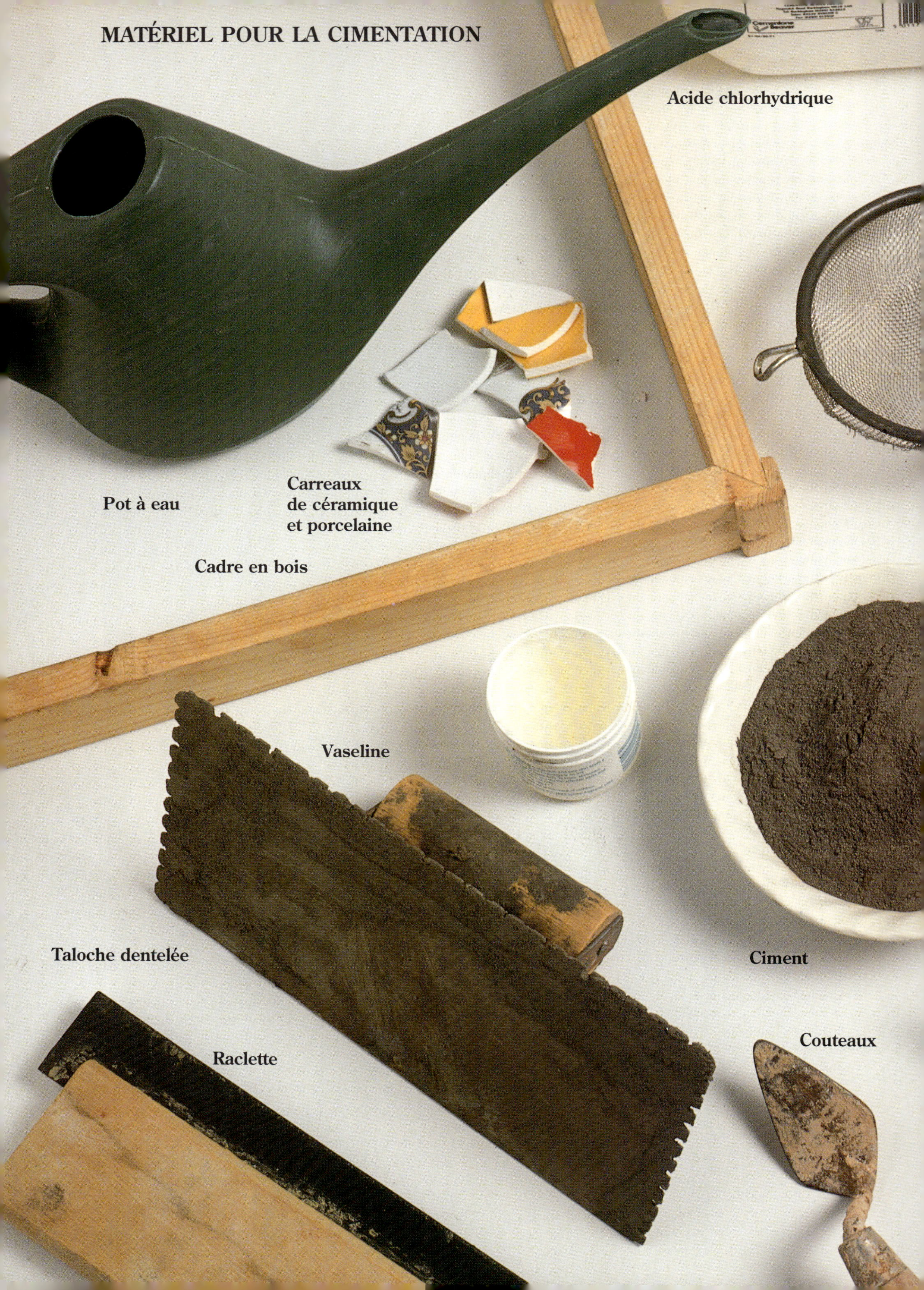

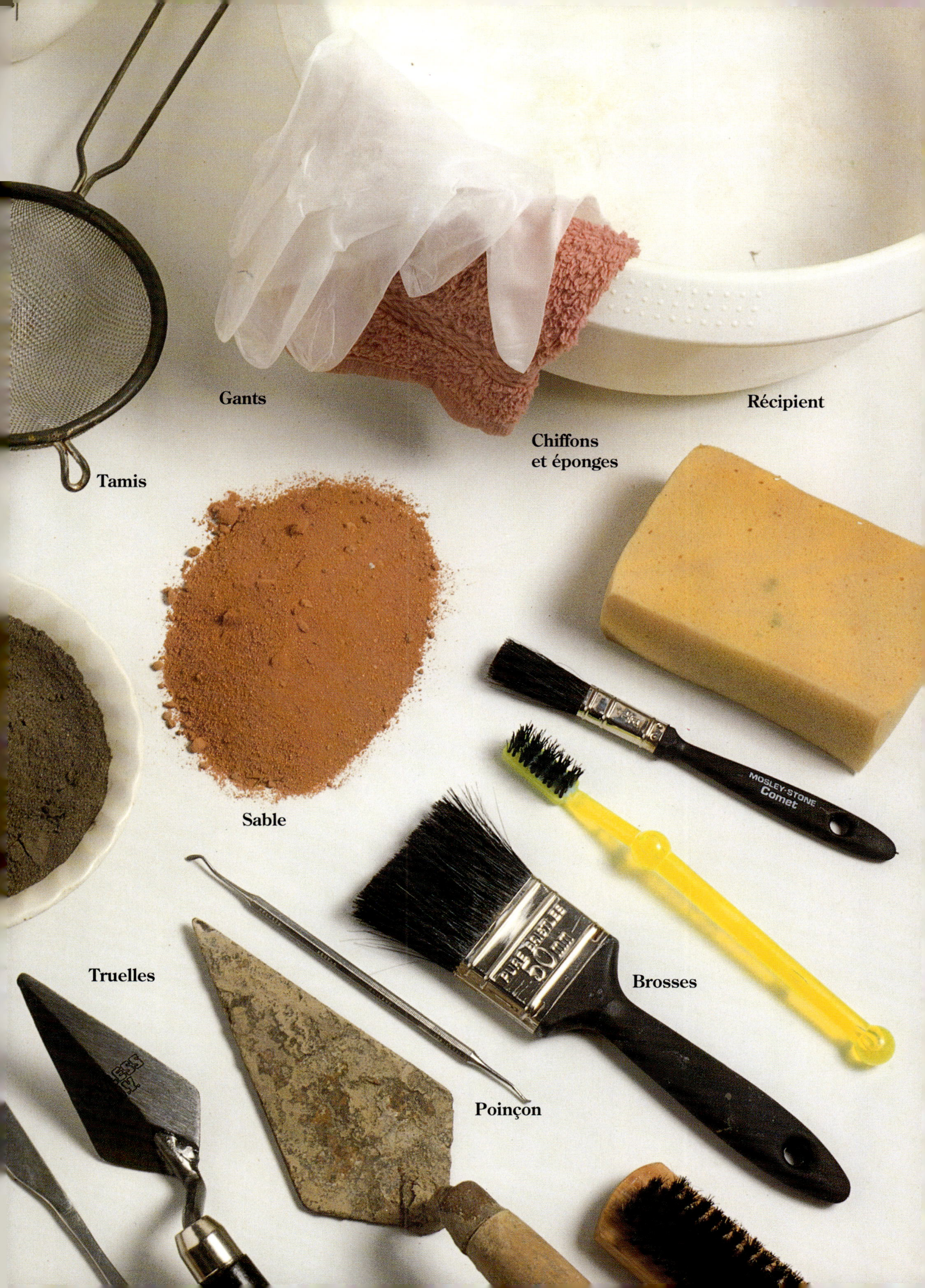
Gants
Récipient
Chiffons
et éponges
Tamis
Sable
MOSLEY-STONE
Comet
Truelles
PURE BRISTLE
50mm
Brosses
Poinçon

# TECHNIQUES DE BASE

## COUPE ET MISE EN FORME

### MARTELINE ET TRANCHET

La coupe s'effectue le plus souvent à l'intérieur, produisant des « nuages » de poussière et de particules de verre. Aussi faut-il apprendre, dès le début, à couper à une certaine distance de soi et dans une certaine direction pour ne pas trop respirer de poussière. Mettez un masque couvrant le nez et la bouche et des lunettes. Pour couper le marbre et les pâtes de verre, on utilise une marteline arrondie dans sa partie supérieure et dont les extrémités sont le plus souvent renforcées par du carbure de tungstène. Le poids de la marteline doit être tel que l'on puisse travailler sans se fatiguer (elle pèse généralement 1,5 kg). Les bords droits de la marteline doivent entrer directement en contact avec le bord du tranchet ressemblant à une enclume. Le tranchet, légèrement arrondi et souvent renforcé par du carbure de tungstène, est encastré dans un billot de bois vertical. Placez-le à une hauteur convenable, de manière à pouvoir travailler assis ou debout sans être gêné dans vos mouvements.

Le coup de marteline doit être léger, ferme, franc et dirigé directement sur l'arête tranchante du tranchet ; la tesselle, tenue entre le pouce et l'index, doit être placée correctement, d'un côté ou de l'autre de l'arête transversale. Ne vous découragez pas si des tesselles volent en éclats : la coupe est une technique qui s'acquiert. Avec l'expérience, elle deviendra une seconde nature. Avec un peu de persévérance, vous saurez bientôt couper tous types de matériaux et de formes avec une grande précision et, contrairement à ce que vous pouvez penser au début, avec une grande rapidité.

### PINCE JAPONAISE

La pince japonaise est en acier trempé, les arêtes sont renforcées de carbure de tungstène. La pince japonaise sert à couper des tesselles en pâte de verre et en céramique. Veillez à tenir les branches le plus près possible de l'extrémité, afin que l'effort soit supporté par le ressort. Les tesselles doivent être placées juste entre les bords tranchants, côté face vers le haut. Les bords tranchants doivent appuyer sur la ligne de coupe. Serrez les branches de la pince tout en exerçant une pression égale avec le pouce et l'index de la main opposée, de manière à couper la tesselle exactement à l'endroit voulu.

• Pour couper en deux : maintenez la pince ouverte, les bords tranchants tenant la tesselle juste au milieu. Serrez les branches tout en exerçant une pression égale avec le pouce et l'index tenant la tesselle, de manière à couper la tesselle en deux.

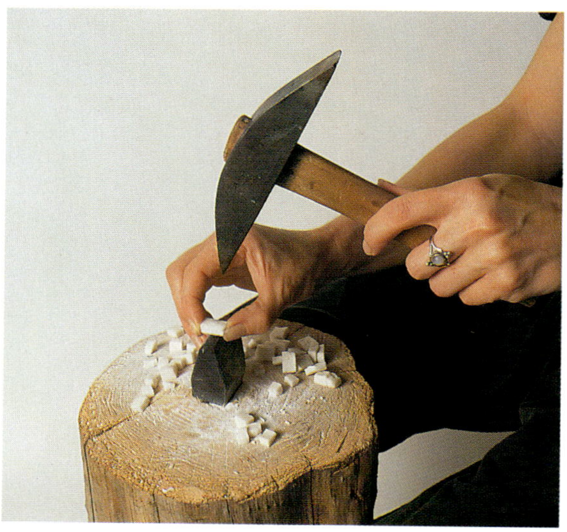

*Tenir la tesselle sur le tranchet entre le pouce et l'index, tapez-la fermement avec la marteline.*

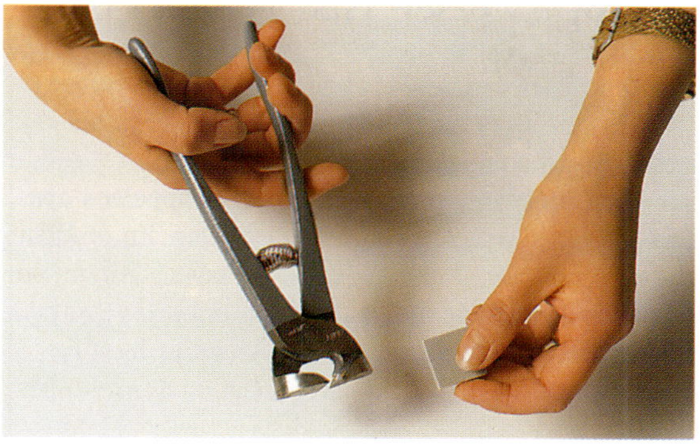

*Placez la tesselle entre la pince et serrez.*

• Pour couper en quatre : prenez l'une des moitiés, tenez-la comme précédemment au milieu de l'arête non biseautée (s'il s'agit de pâte de verre) et serrez en exerçant une pression égale.
• Pour arrondir une tesselle, prenez une demi-tesselle et orientez le bord tranchant de la pince selon l'angle désiré. Serrez.
• On utilise souvent des tesselles coupées en six ou en huit pour tracer une « ligne » dans la mosaïque. Coupez la tesselle en deux, puis coupez chaque moitié en trois ou quatre parties égales.
• Pour découper des cercles ou des pétales, la technique est légèrement différente. Gardez en tête la forme souhaitée (ou dessinez-la au feutre directement sur la tesselle), découpez les quatre coins, puis « rognez » le bord externe avec la pince jusqu'à obtention de la forme souhaitée. Avec un peu d'expérience, vous acquerrez une grande précision.

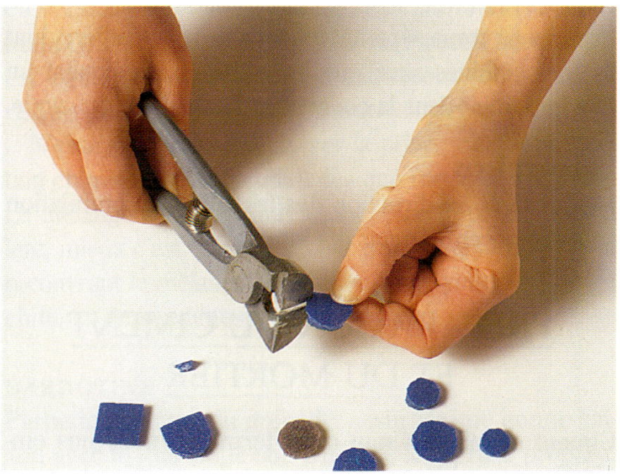

*En utilisant la pince, la tesselle peut être arrondie.*

## CONCEPTION D'UNE MOSAÏQUE

Toute mosaïque est conçue à partir d'un diagramme ou d'un dessin qui n'obéit pas à des règles déterminées, mais qui doit être simplifié et stylisé, qu'il s'agisse d'une copie, qu'elle s'inspire de la nature ou qu'elle soit imaginée. Les éléments à prendre en considération sont les suivants : l'emplacement de la mosaïque, ses proportions, la source lumineuse et les couleurs de l'environnement. N'oubliez jamais que le matériau utilisé pour créer une mosaïque est un cube dur de couleur – la tesselle – qui a ses propriétés intrinsèques.

Une fois reporté, le dessin ne doit pas dominer la mosaïque. Pièce après pièce, la mosaïque doit trouver son propre équilibre à travers le mouvement, la couleur et la texture.

Dessinez si possible en grandeur réelle. Vous déterminerez ainsi plus facilement la taille des tesselles qui devront être utilisées. Cela vous aidera également, au début de votre apprentissage, à dessiner ou à indiquer le mouvement des tesselles, en particulier lorsqu'il vous faudra décider de la direction. Sauf si vous utilisez des motifs qui se répètent ou si vous travaillez dans un cadre relativement rigide, dessinez à main levée. Le dessin n'en sera que plus vivant et imprévisible.

Faites des expériences. Utilisez l'accidentel. Soyez spontané et laissez s'exprimer votre imagination tout en la contrôlant.

## MÉTHODES DE RÉALISATION

Il existe en gros deux méthodes : dans la première, la méthode directe, chaque élément est vu au moment où il est coupé et posé ; dans la seconde, la méthode indirecte ou inversée, il n'est vu qu'indirectement.

### MÉTHODE DIRECTE

C'est la méthode la plus naturelle et la plus satisfaisante. Les tesselles sont coupées et posées directement, à l'endroit, sur un support en ciment, en bois, en gaze ou en céramique. Les dessins ou les motifs peuvent être reproduits à main levée ou, pour davantage de précision, photocopiés, décalqués ou piqués. Les tes-

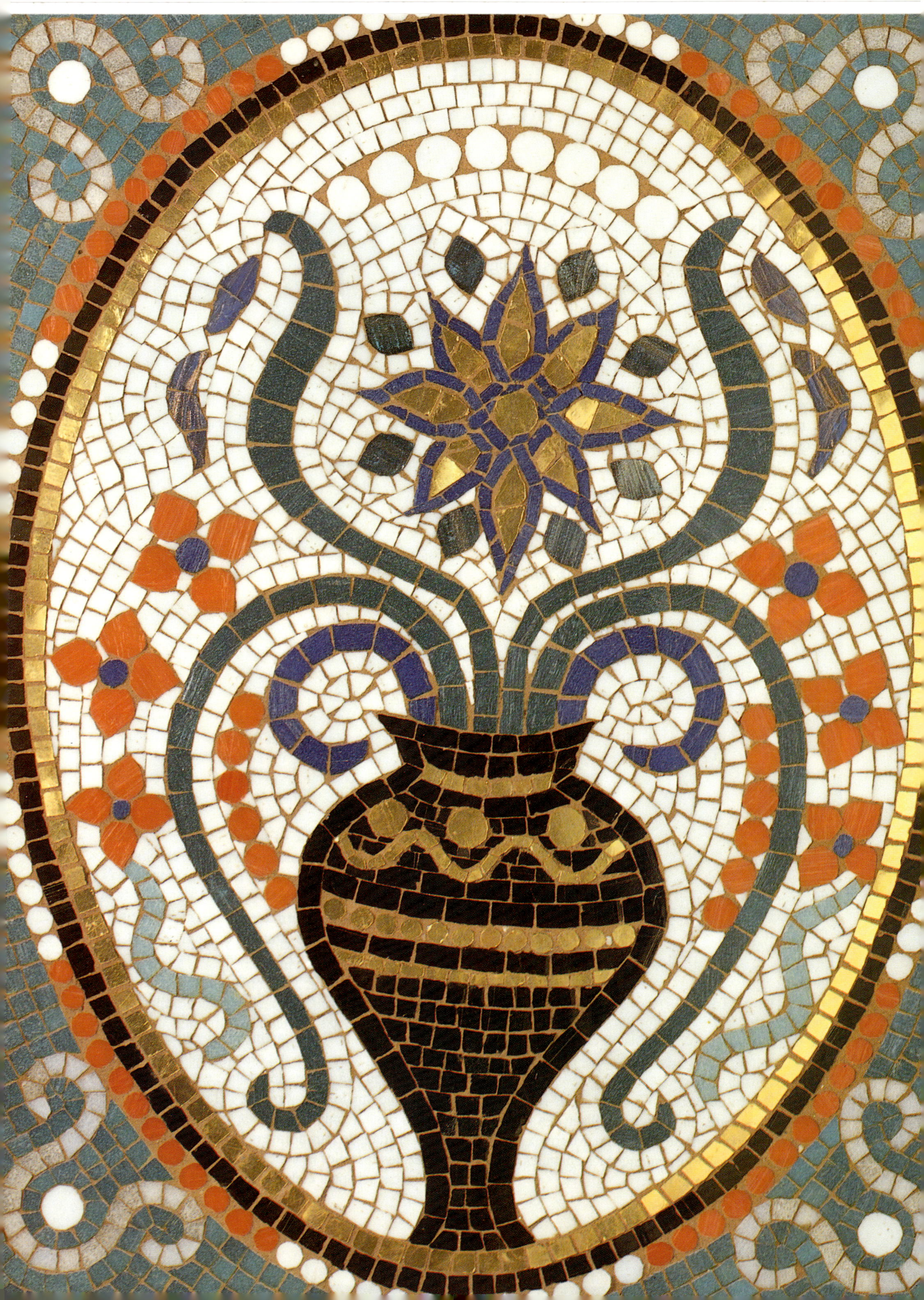

# ŒUVRES D'ARTISTES

Ces œuvres d'Elaine M. Goodwin, d'Eve Jennings et de Glen Morgan offrent un riche échantillon de mosaïques décoratives témoignant de l'esprit créatif des artistes. Les techniques, les motifs et les couleurs utilisés y sont très variés. Toutes ces mosaïques sont bien sûr l'œuvre personnelle des artistes elles-mêmes, mais vous pourrez vous en inspirer pour réaliser vos propres expériences, qu'il s'agisse de créer une mosaïque purement décorative ou bien une pièce à la fois décorative et utilitaire.

**Fleurs dans un vase noir et or**
GLEN MORGAN
*60 x 45 cm*
Composition à décor symétrique en pâtes de verre colorées, et des pâtes de verre d'or insérées librement dans le décor et dans la bordure pour créer une surface étincelante.

**Arbre aux oiseaux horizontal**

ELAINE M. GOODWIN

*122 x 61 cm*

Mosaïque composée de pâtes de verre et de céramique. Œuvre créée pour accompagner un petit poème Haïku :

*« Les poitrines colorées des pigeons maculent le ciel.*
*Les oiseaux se rassemblent, obscurcissant le crépuscule. »*

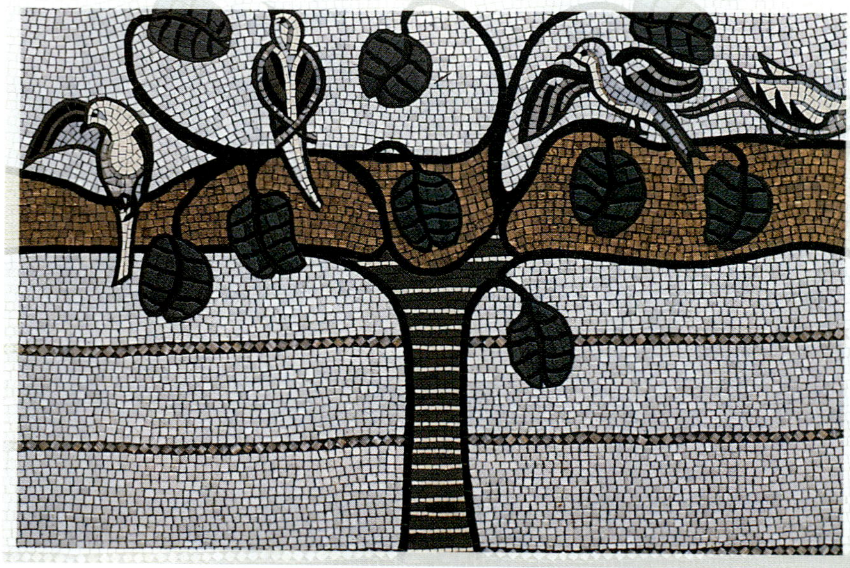

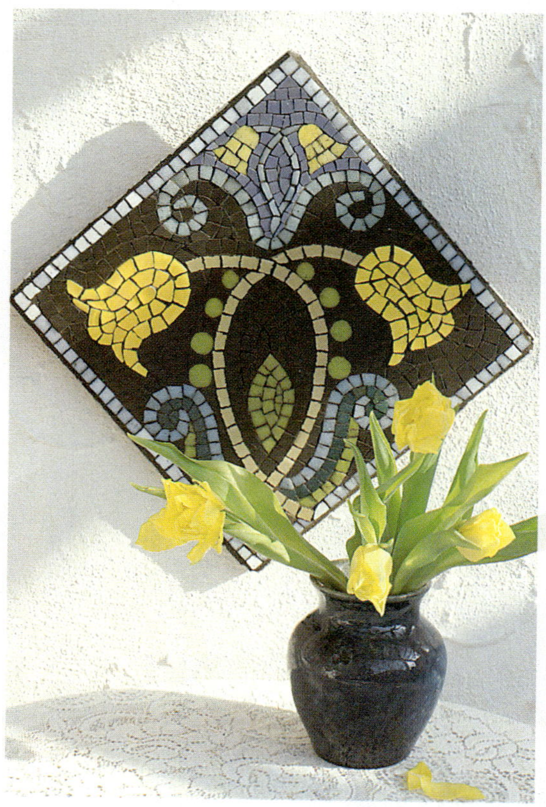

**Tulipe jaune**

GLEN MORGAN

*25 x 25 cm*

Glen Morgan se sert de la mosaïque pour exprimer son sens de la décoration, appréciant les surfaces très texturées animées par la couleur et le mouvement.

Cette mosaïque ornée de tulipes jaunes a été réalisée selon la méthode directe, avec de la céramique et de la pâte de verre.

S'inspirant de l'art nouveau dans sa stylisation, sa forme linéaire puissante est idéale pour être transposée en mosaïque. Ce carreau fait partie d'un panneau de mosaïque destiné à décorer une salle de bains.

**Dragon**

GLEN MORGAN

*66 x 84 cm*

Cette grande mosaïque murale, basée sur une représentation traditionnelle du dragon, utilise différents matériaux : verre et or pour créer un décor très coloré, céramique pour obtenir un fond mat contrastant avec le reste et tesselles en pâtes de verre rouge orangé pour les flammes.

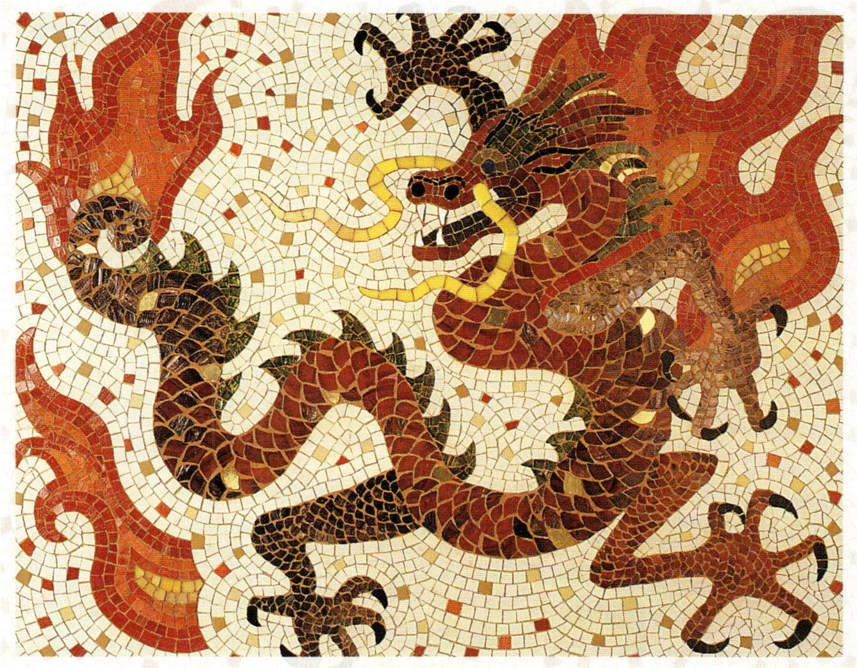

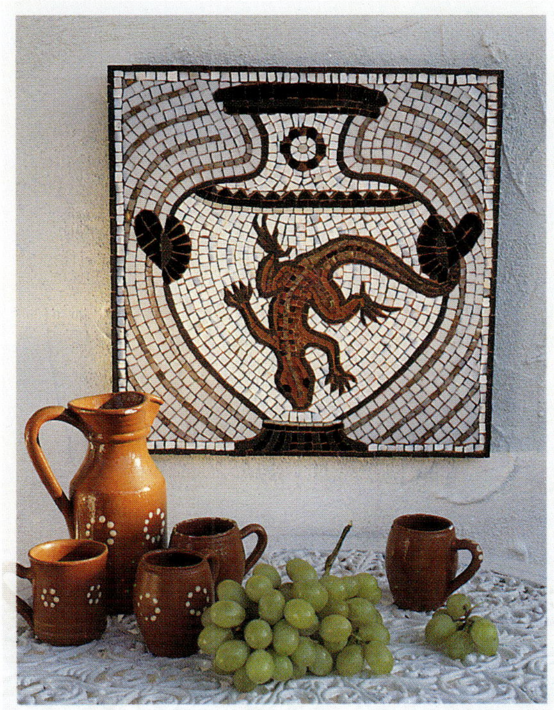

**Lézard brun-rouge**

ELAINE M. GOODWIN

*40 x 40 cm*

Ce petit panneau composé de pâtes de verre et de céramique, placé sur le mur, derrière une collection d'ustensiles en terre cuite, anime la cuisine, tout en lui donnant un air méditerranéen.

**Dodo**

ELAINE M. GOODWIN

*86 x 86 cm*

Cette œuvre fait partie d'un bestiaire conçu pour une aire de jeux réservée aux enfants. Directement montée sur du contre-plaqué, elle est composée de différents matériaux dont des pâtes de verre et de la céramique.

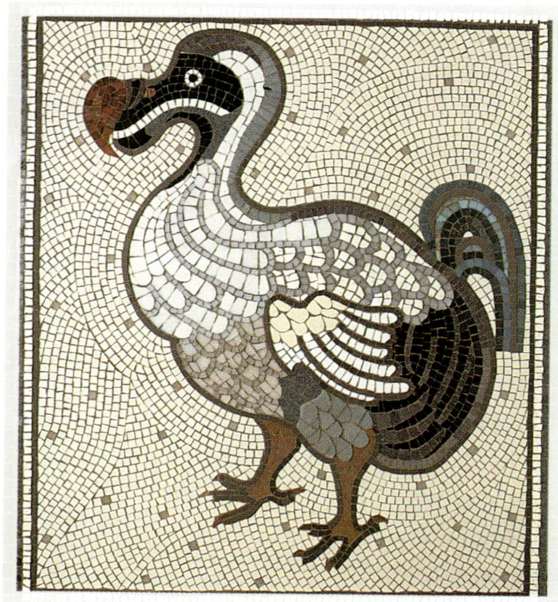

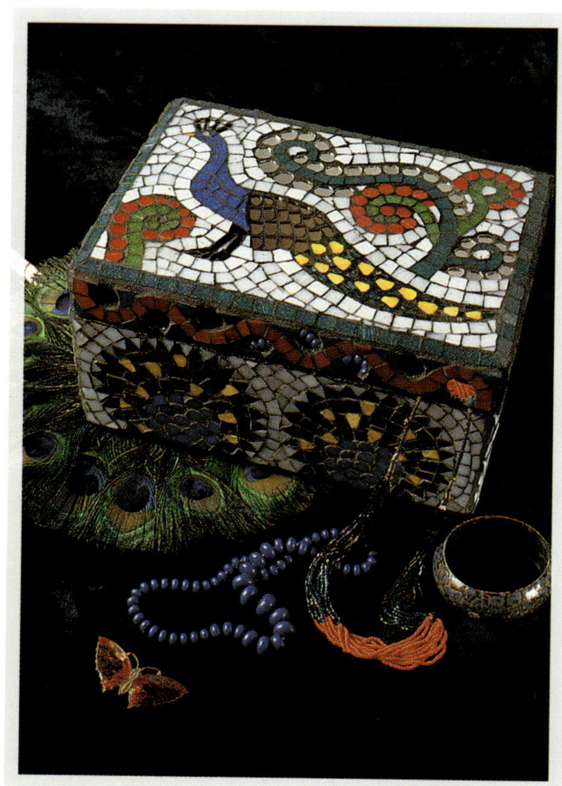

**Boîte au paon**

GLEN MORGAN

*18 x 26 x 13 cm*

Coffret à bijoux réalisé en appliquant des tesselles – pâtes de verre de couleur et d'or et fragments de miroir – directement sur une simple boîte en bois. Cette jolie boîte colorée rappelle les mosaïques de l'Ancien Mexique où les pierres semi-précieuses et le verre venaient habiller des objets leur donnant ainsi une apparence raffinée.

**Pavot**

EVE JENNINGS

*30 x 25 cm*

C'est la seconde d'une petite série de mosaïques à fleurs réalisées selon la méthode directe avec de la pâte de verre et manifestant l'intérêt de l'artiste pour l'étude des fleurs. Cette mosaïque ornée d'un pavot écarlate est une interprétation directe de ces fleurs étonnantes qui poussent dans nos jardins.

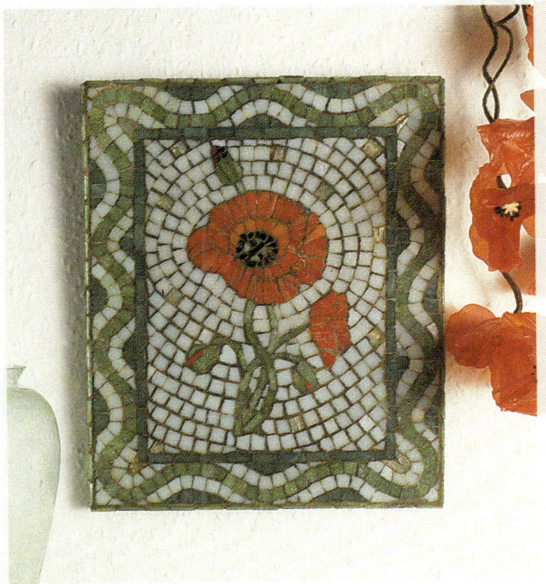

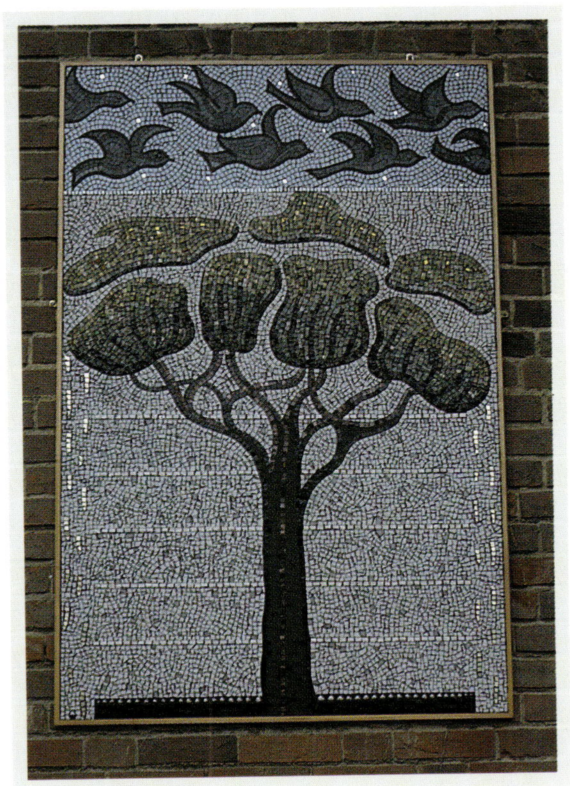

**Rinascita**

ELAINE M. GOODWIN

*152 x 100 cm*

Grande mosaïque murale conçue pour orner un salon. Différents matériaux sont utilisés pour obtenir des effets spéciaux. Notez particulièrement l'*Opus palladianum*, plus connu sous le nom de pavement irrégulier, créant un fond complexe et intéressant entourant le puissant motif de l'arbre. L'artiste a utilisé de l'or, des pâtes de verre, des coquillages, des fragments de miroir et de la céramique.

**Grand arbre aux oiseaux**

ELAINE M. GOODWIN

*184 x 92 cm*

Elaine M. Goodwin a réalisé des mosaïques pendant plus de quinze ans, aussi bien pour des expositions que pour des commandes publiques et privées. Elle considère son œuvre personnelle comme un « Haïku » visuel, ou « poèmes en pierres », dans lequel le motif de l'arbre revient fréquemment.

Cette mosaïque est composée de pâtes de verre de couleurs et d'or. L'artiste l'a exécutée au retour d'un séjour en Inde ; elle évoque à ses yeux les couleurs et la disposition formelle des motifs ornant les miniatures indiennes. Les yeux dans les coins supérieurs sont censés protéger du démon. Le conservatoire où se trouve cette mosaïque est ainsi protégé par un arbre.

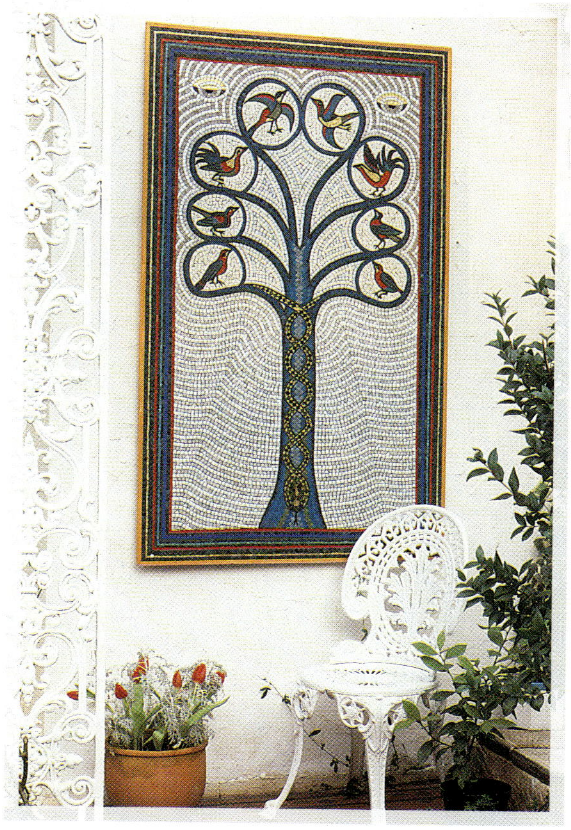

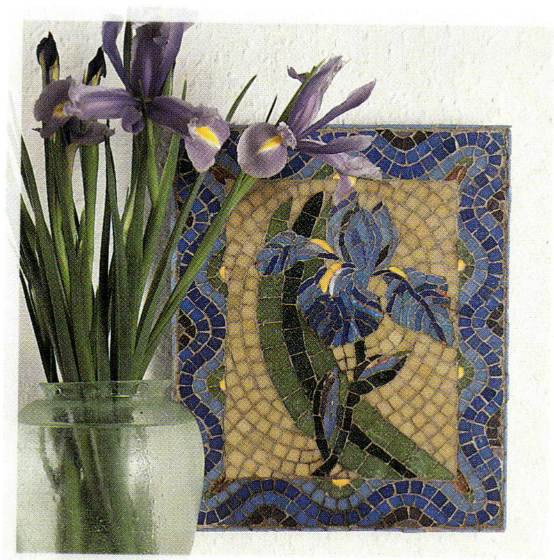

**Iris**

EVE JENNINGS

*30 x 25 cm*

Cette mosaïque est conçue pour décorer une maison. La riche bordure composée de pâtes de verre dans différents tons de bleu amplifie le caractère très décoratif de la mosaïque.

**Arbre aux cinq oiseaux**

ELAINE M. GOODWIN

*76 x 76 cm*

Écran de cheminée décoratif réalisé selon la méthode directe avec des pâtes de verre. L'écran coloré égaye la pièce en été ; on le retire l'hiver, lorsque l'on allume un feu dans la cheminée. Il est fixé provisoirement sur les côtés avec du mastic qui s'enlève facilement.

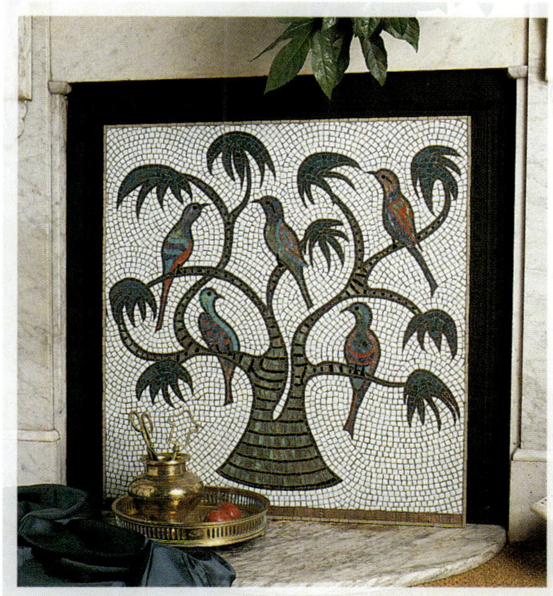

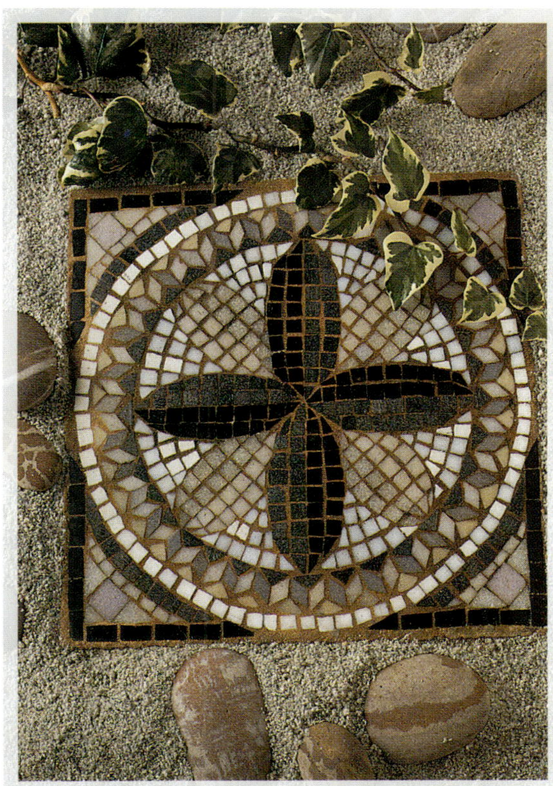

**Pavé**

EVE JENNINGS

*36 x 36 cm*

Eve Jennings manifeste un sens très développé de la structure et une bonne compréhension des propriétés formelles des tesselles ; ses mosaïques ornées de motifs puissants donnent une impression d'ordre, d'équilibre et d'harmonie.

Cette mosaïque en pâtes de verre fait partie d'une série de mosaïques montées sur un support en béton et conçues pour être placées dans un jardin.

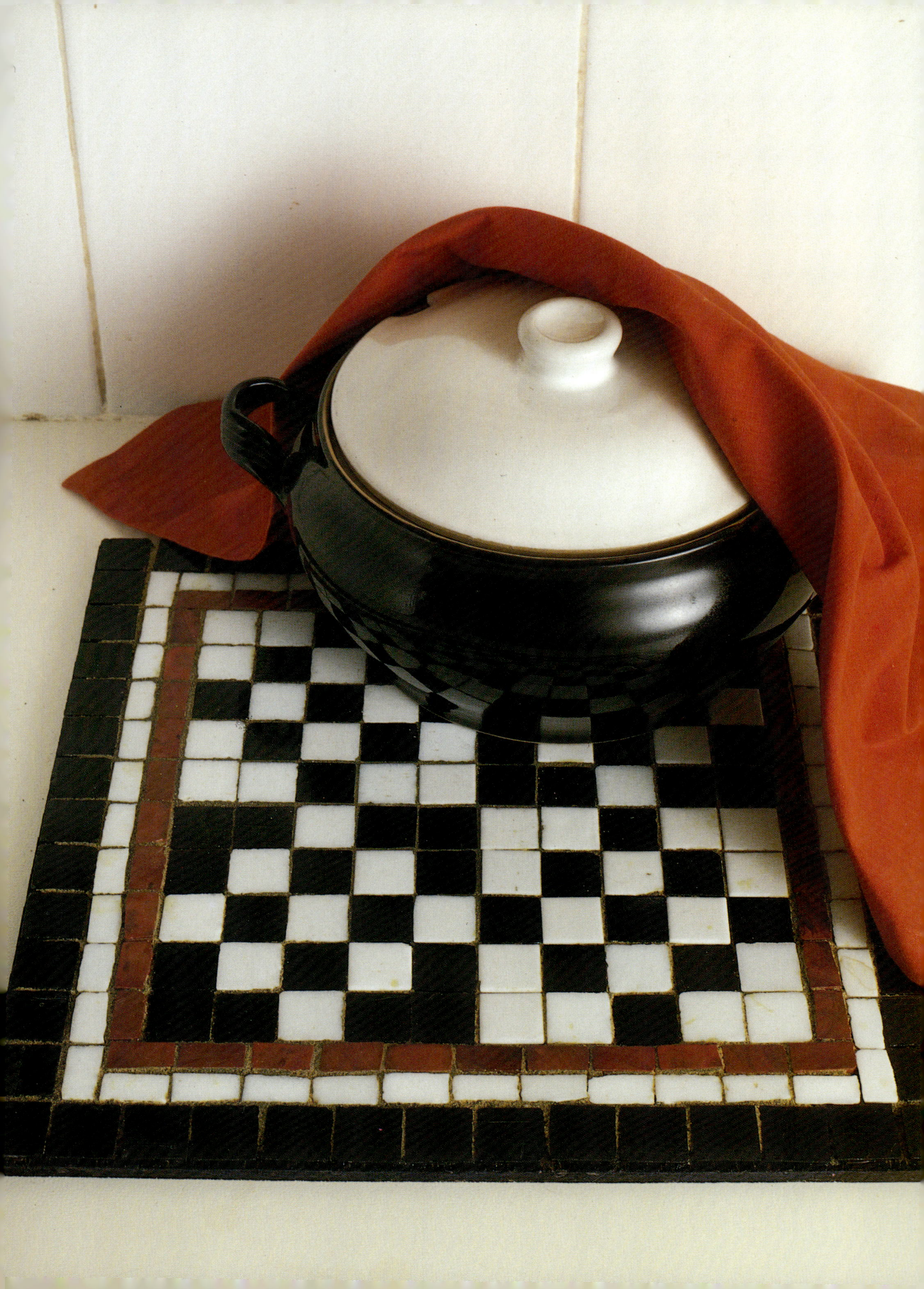

# DESSOUS-DE-PLAT

EVE JENNINGS

Ce dessous-de-plat très pratique et simple à réaliser avec la méthode directe fait beaucoup d'effet. Les couleurs blanc, noir et brun-rouge s'inspirent directement de la tradition gréco-romaine qui produisait de superbes mosaïques de pavement géométrique composées de marbre blanc, de basalte noir et de carreaux en terre cuite.

Un certain nombre de variations peuvent être réalisées sur ce thème, avec seulement quelques couleurs et des tesselles entières ou coupées, disposées géométriquement. Vous pouvez ainsi constituer une série de dessous d'assiettes tout à fait plaisants.

*Dimensions : 30 cm x 30 cm*

**MATÉRIEL**

• *Tesselles : pâtes de verre ; se reporter au texte pour les couleurs* • *contre-plaqué : 6 ou 9 mm d'épaisseur, 30 cm x 30 cm* • *pince japonaise* • *ciment-colle* • *couteau à palette* • *couteau pointu* • *pincettes ou instrument similaire* • *papier millimétré* • *crayon* • *règle* • *colorant noir pour bois et brosse* • *gants en caoutchouc* • *ciment* • *récipient* • *chiffons* • *truelle* • *acide chlorhydrique et brosse.*

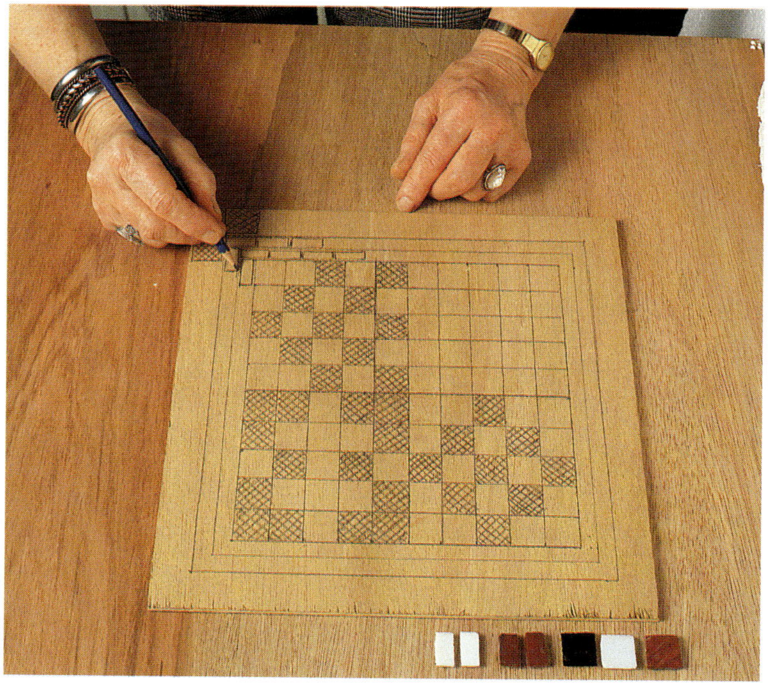

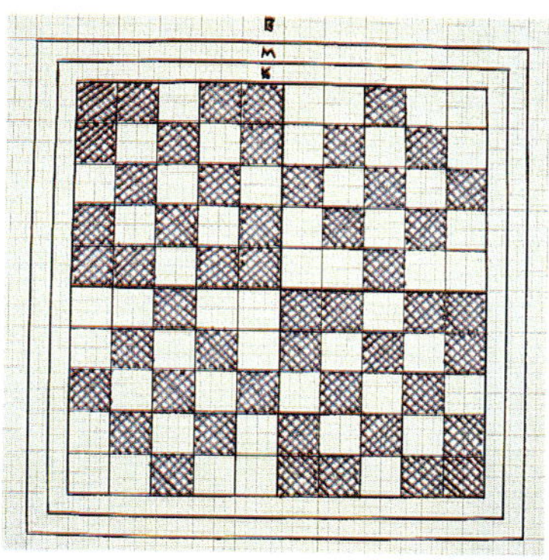

1 Dessinez le motif souhaité sur une feuille de papier millimétré.

2 Reproduisez le dessin sur le contre-plaqué en laissant un petit espace entre les tesselles (le damier occupe un carré de 21 cm de côté).

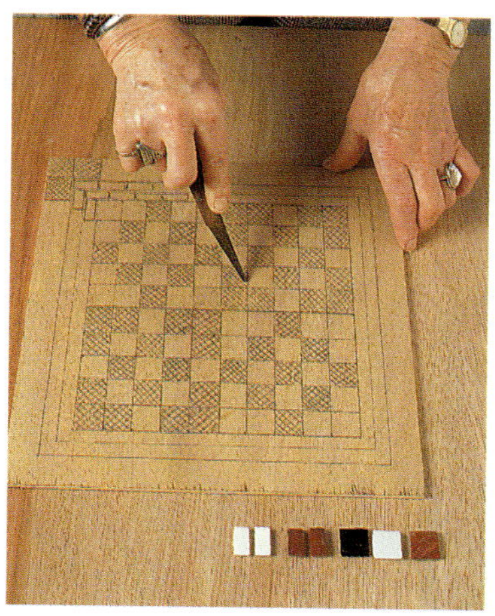

3 Avec un couteau pointu, striez le contre-plaqué pour donner prise à la colle.

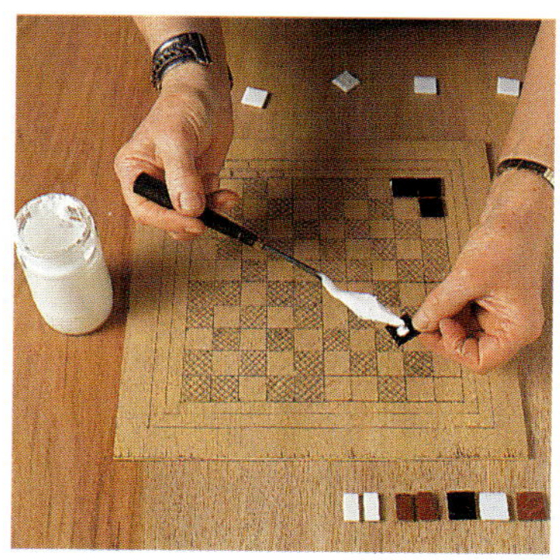

4 Avec le couteau à palette, étalez la colle sur l'envers des tesselles noires et blanches, c'est-à-dire sur la face rainurée. C'est ce que l'on appelle souvent « beurrer » les tesselles.

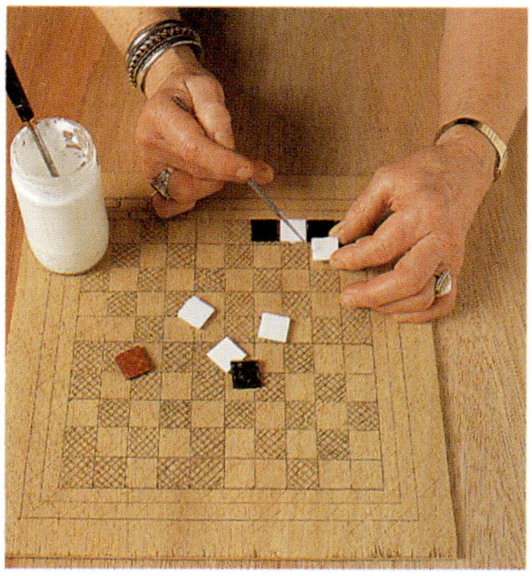

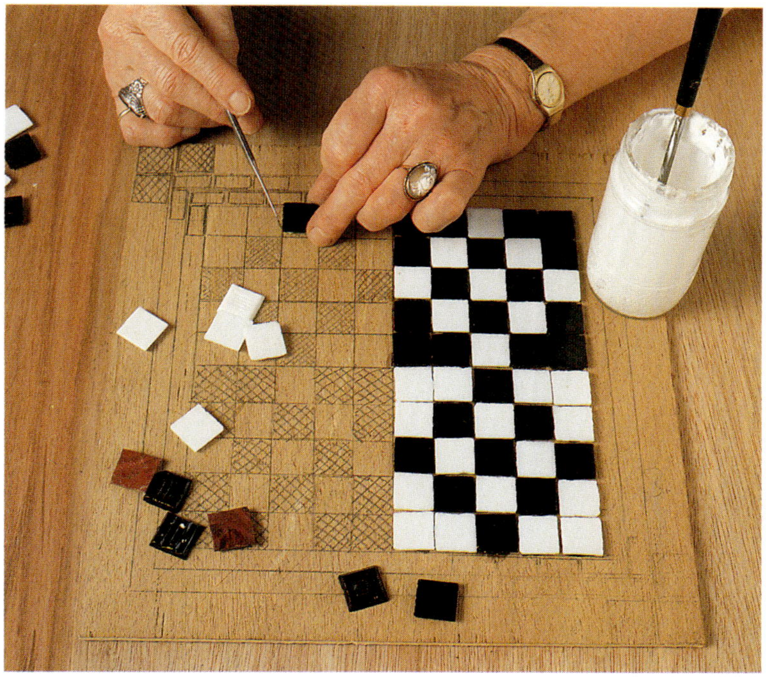

5 Une fois beurrées, collez les tesselles noires et blanches sur le contre-plaqué pour former le damier. Commencez ensuite la bordure.

6 Terminez la bordure.

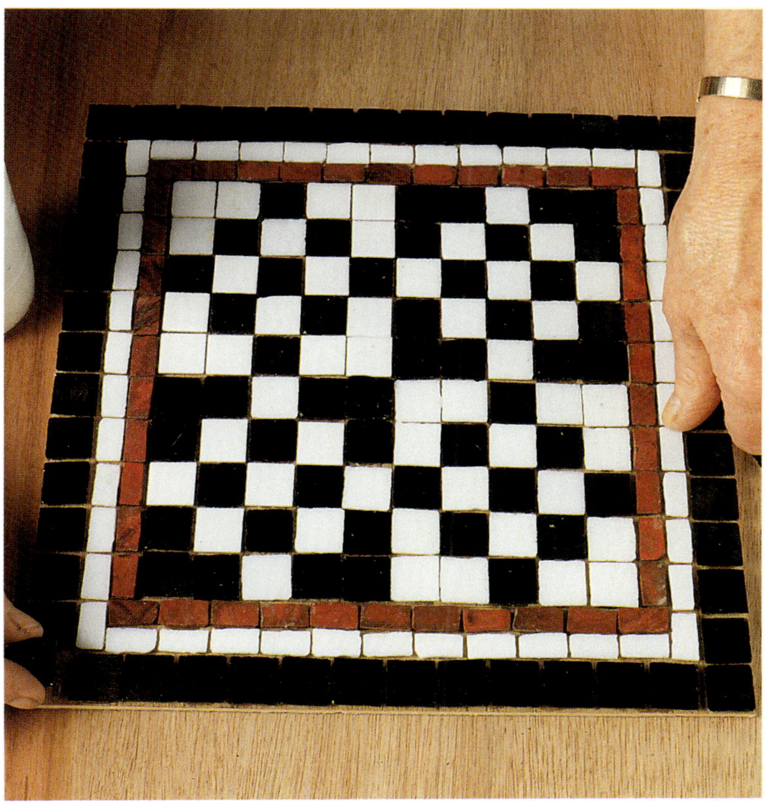

7 Encadrez le damier avec des tesselles brun-rouge coupées en deux (voir p. 19). Entourez-les d'une rangée de demi-tesselles blanches. Encadrez l'ensemble avec une rangée de tesselles noires.

Laissez la mosaïque sécher 24 heures. (Le ciment-colle blanc deviendra incolore en séchant). Étalez le mortier de ciment sur toute la mosaïque (voir p. 21).

Laissez-le durcir et sécher pendant trois ou quatre jours, puis mettez des gants et enlevez l'excédent de ciment avec de l'acide chlorhydrique. Lavez à grande eau et laissez sécher. Polissez avec un chiffon doux, puis appliquez sur les bords extérieurs le colorant pour bois noir. Le dessous-de-plat est terminé.

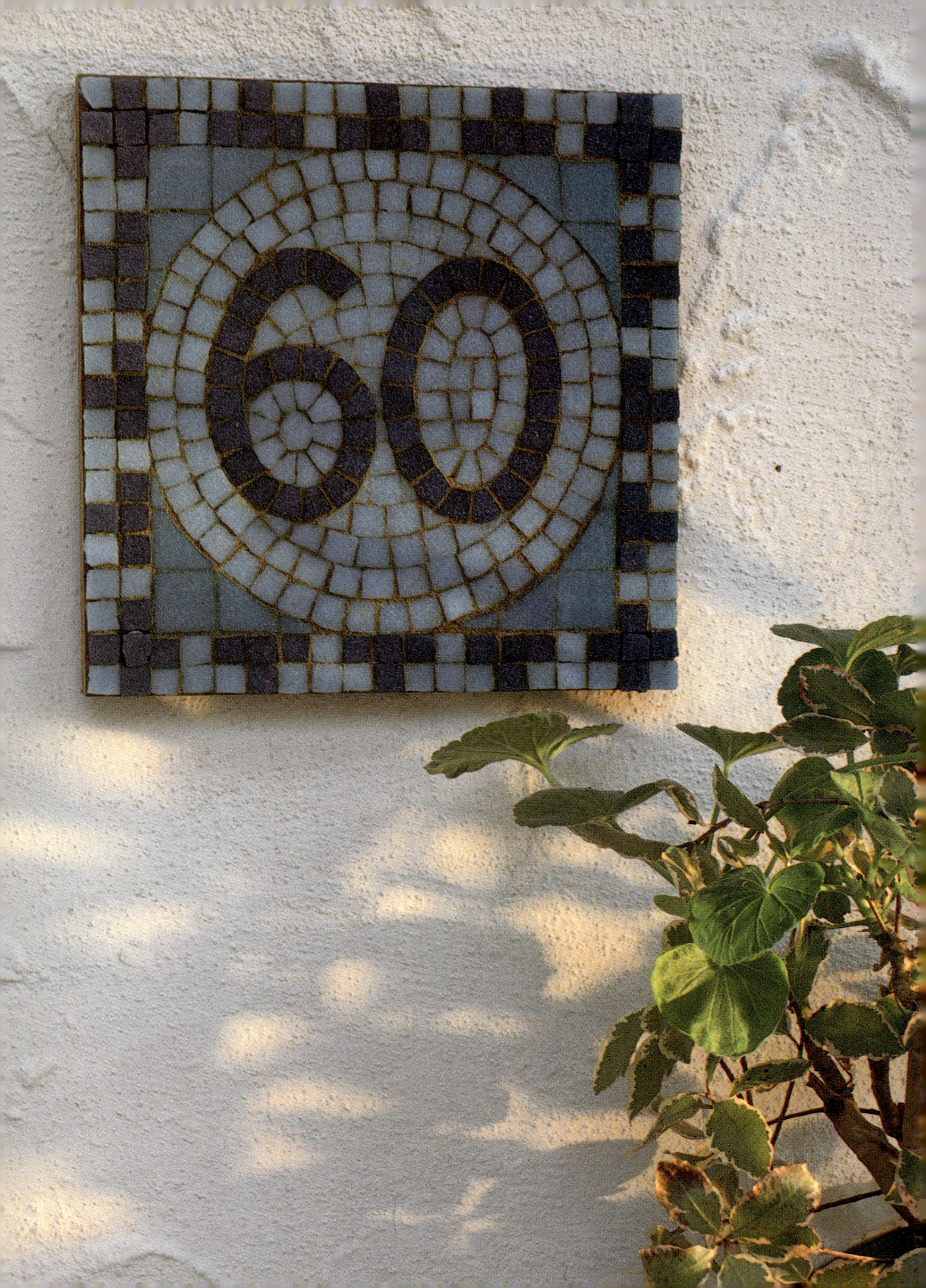
60

# Plaque décorative

EVE JENNINGS

En insérant le motif du cercle dans un carré, l'artiste a créé une plaque simple mais originale qui peut être facilement distinguée de la rue. Des réalisations plus complexes peuvent être exécutées selon la même méthode directe pour les plaques de portes, les bureaux et les enseignes.

*Dimensions : 12 mm d'épaisseur, 20 cm x 20 cm*

**MATÉRIEL**

*• Tesselles : pâtes de verre • contreplaqué pour usage extérieur ou en milieu humide : 12 mm d'épaisseur, 20 cm x 20 cm • pince japonaise • enduit hydrofuge au silicone et brosse • colle époxy • spatule • couteau pointu • pincettes ou instrument similaire • crayon • papier-calque • compas • 4 vis et 10 chevilles • gants en caoutchouc • ciment • sable fin • récipient • chiffons et éponges • acide chlorhydrique et brosse.*

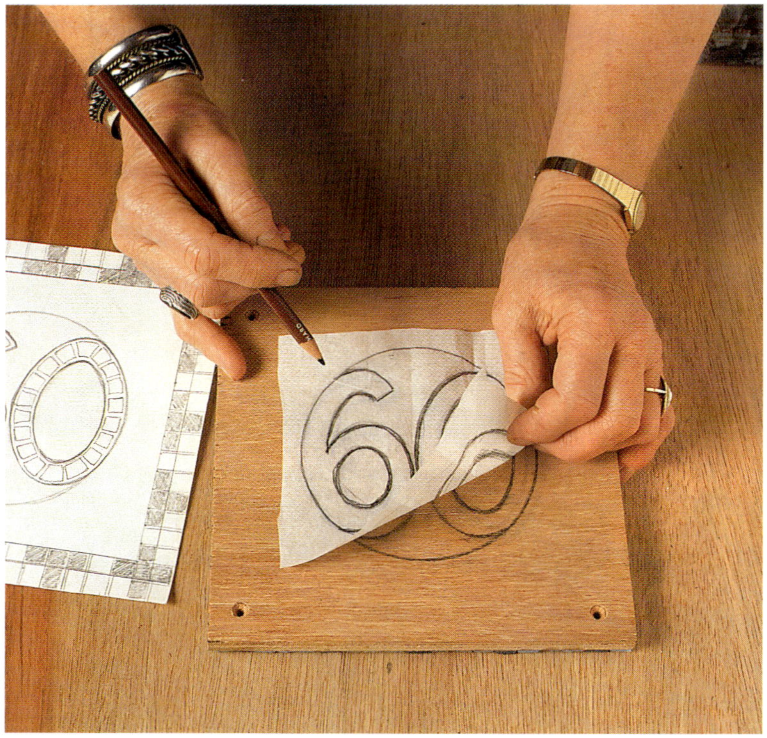

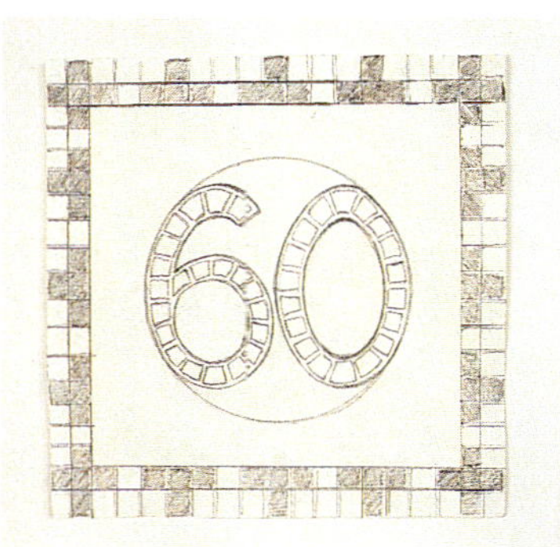

1 Percez et fraisez quatre trous aux quatre coins de la planche pour les vis qui fixeront la mosaïque au mur. Dessinez le décor sur une feuille de papier.

2 Avec du papier-calque, reproduisez le dessin sur le contreplaqué. Striez la planche.

3 Coupez en quatre les tesselles bleu clair et foncé (voir p. 19) et collez-les sur la bordure. Laissez un espace suffisant autour des trous pour recouvrir les vis avec des quarts de tesselles. Coupez d'autres tesselles bleu foncé et taillez-les en leur donnant la forme de chiffres.

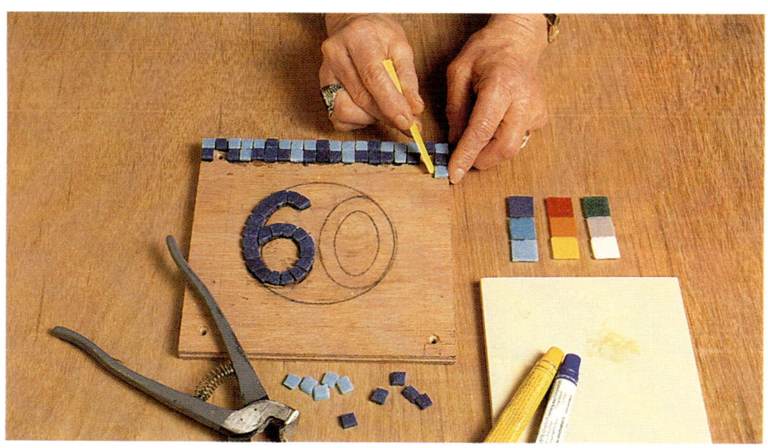

4 Entourez les chiffres avec deux rangées de tesselles bleu clair et remplissez l'intérieur des chiffres.

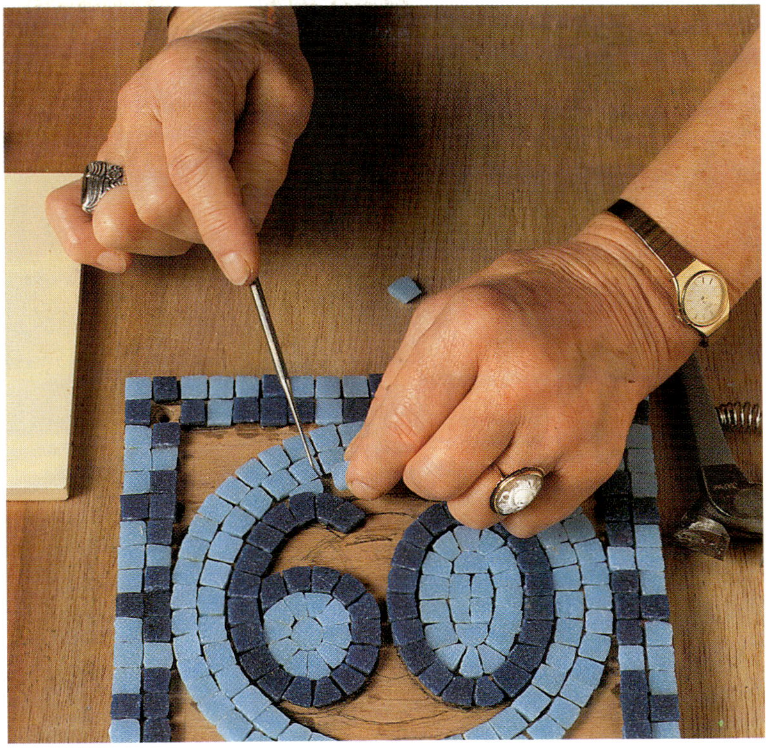


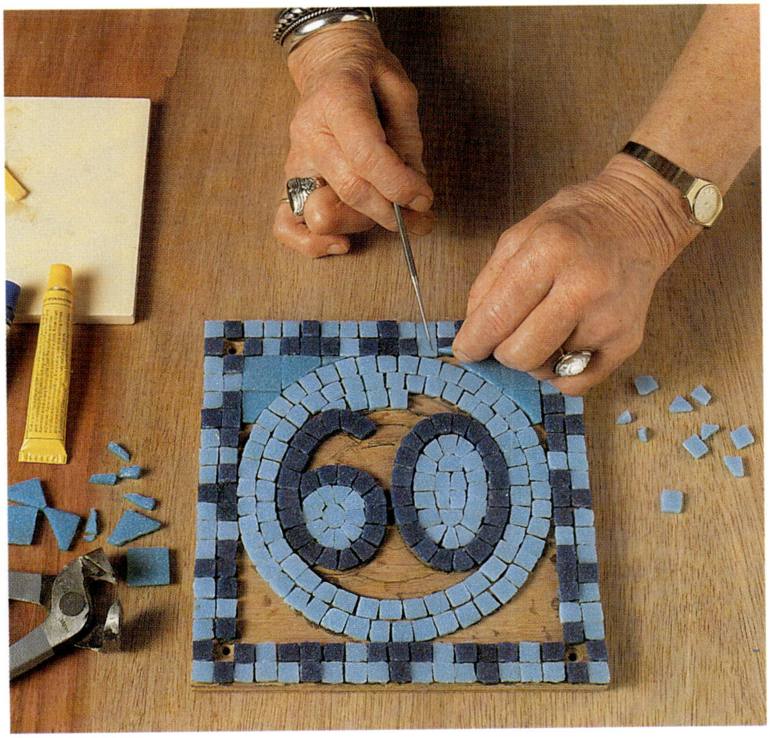


5 Utilisez des tesselles plus grosses et d'un bleu différent pour remplir les angles intérieurs du carré. Finissez de remplir. Laissez durcir pendant 24 h, puis étalez le mortier de ciment sur la mosaïque (voir p. 21). Laissez sécher, puis nettoyez à l'acide (voir p. 22). Placez la mosaïque sur le mur extérieur et percez quatre trous ; enfoncez les chevilles et fixez la mosaïque au mur. Protégez les arêtes du contre-plaqué avec un produit hydrofuge, lissez et nettoyez. Collez des quarts de tesselles sur les quatre têtes de vis. Recouvrez de mortier de ciment et nettoyez ces petites zones pour dissimuler complètement le système de fixation.

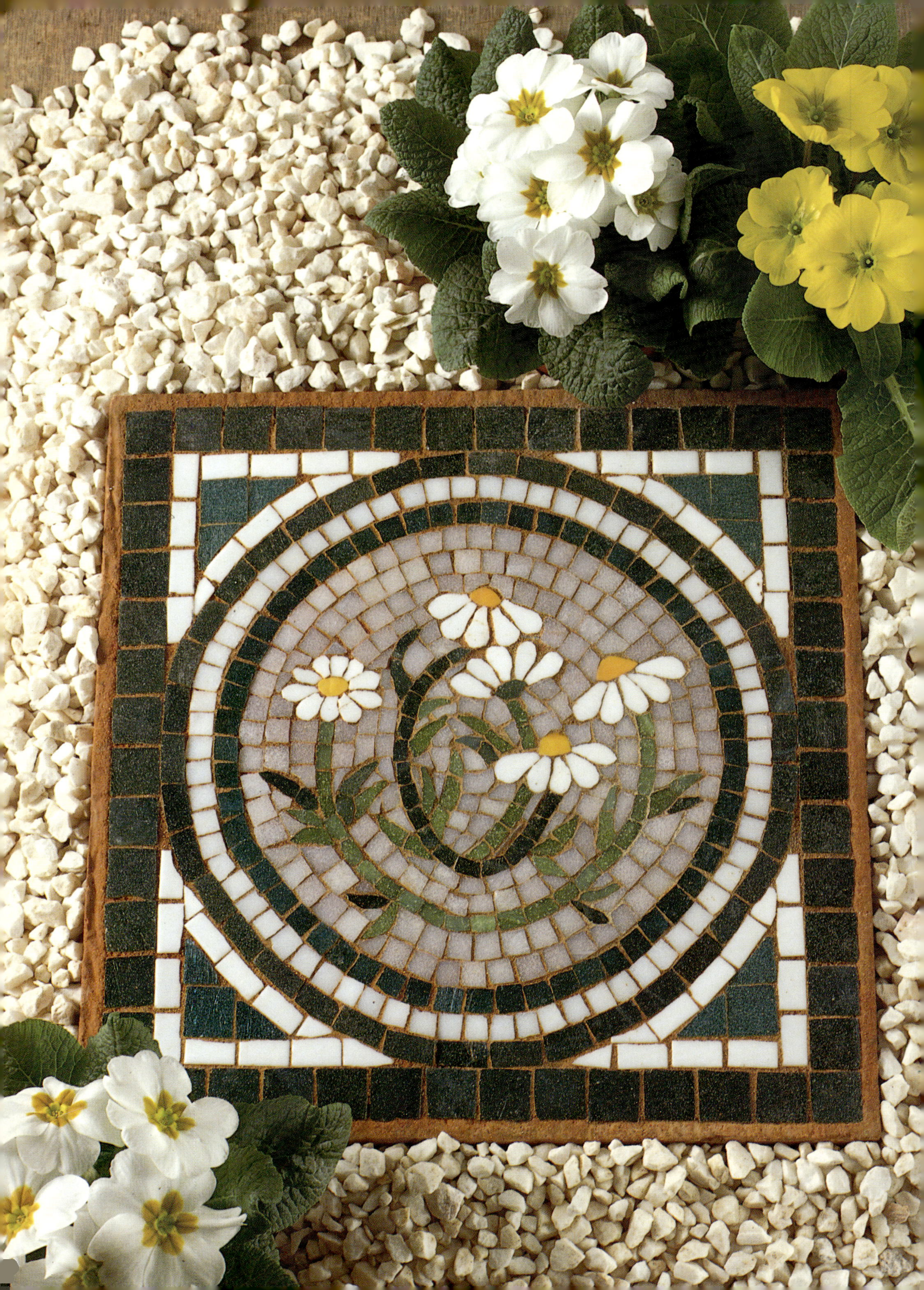

# PAVÉ DE JARDIN

EVE JENNINGS

Ce pavé, réalisé selon la méthode indirecte et orné d'une belle camomille, peut être placé à l'extérieur, dans un petit jardin. Les cercles à l'intérieur du carré renforcent le désir de paix et d'ordre, tandis que les couleurs choisies s'harmonisent avec la nature. Ce pavé peut faire partie d'une série de mosaïques représentant différentes herbes et plantes.

*Dimensions : 30 cm x 30 cm*

**MATÉRIEL**

*• Tesselles : pâtes de verre; se reporter au texte pour les couleurs • pince japonaise • papier kraft • papier-calque • gomme (à l'eau) • brosse à dents • crayon • règle • compas • gomme • pincettes ou instrument similaire • cadre en bois : 30 cm x 30 cm • support : un peu plus grand que le cadre • baguette en bois : un peu plus de 31 cm de long • vaseline • grillage métallique et pinces • truelle • plat • sable : fin et grossier • ciment • gants en caoutchouc • raclette • bols et récipient • acide chlorhydrique et brosse • chiffons, éponges et papier • journal.*

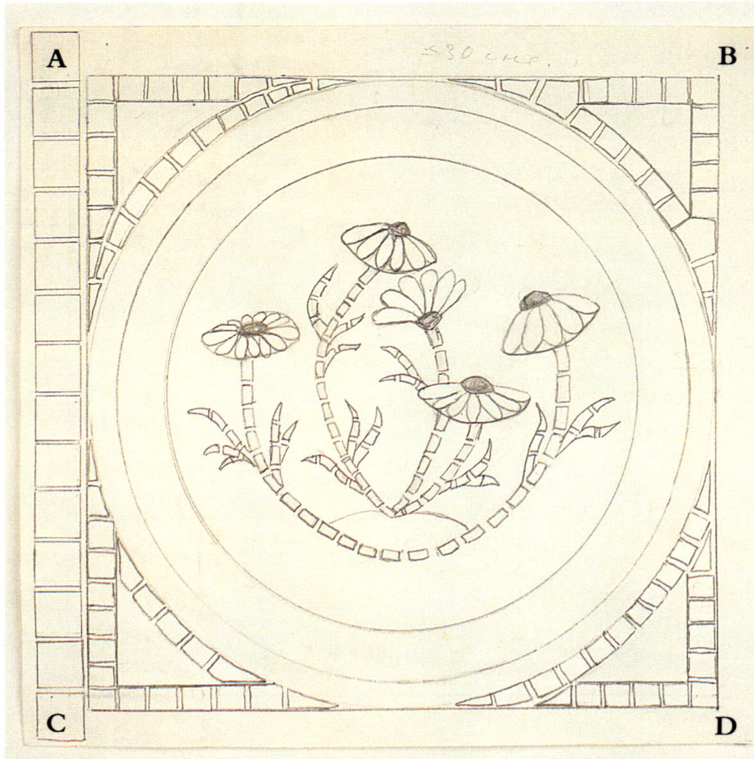


1 Dessinez le décor en grandeur réelle sur le papier.

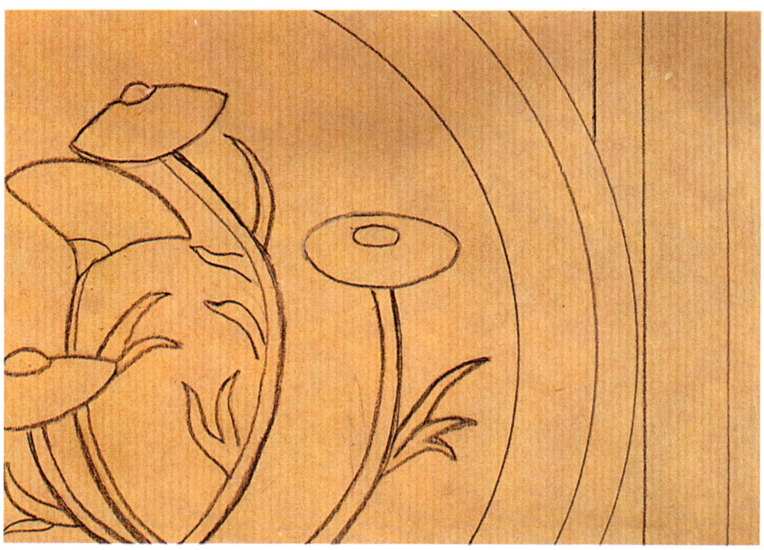

2 Décalquez le dessin et reportez-le sur le papier kraft : le dessin doit apparaître inversé sur le papier kraft, c'est-à-dire comme réfléchi par un miroir.

3 Coupez en deux un assortiment de tesselles, puis coupez chaque moitié en trois pour les tiges des fleurs (voir p. 19).

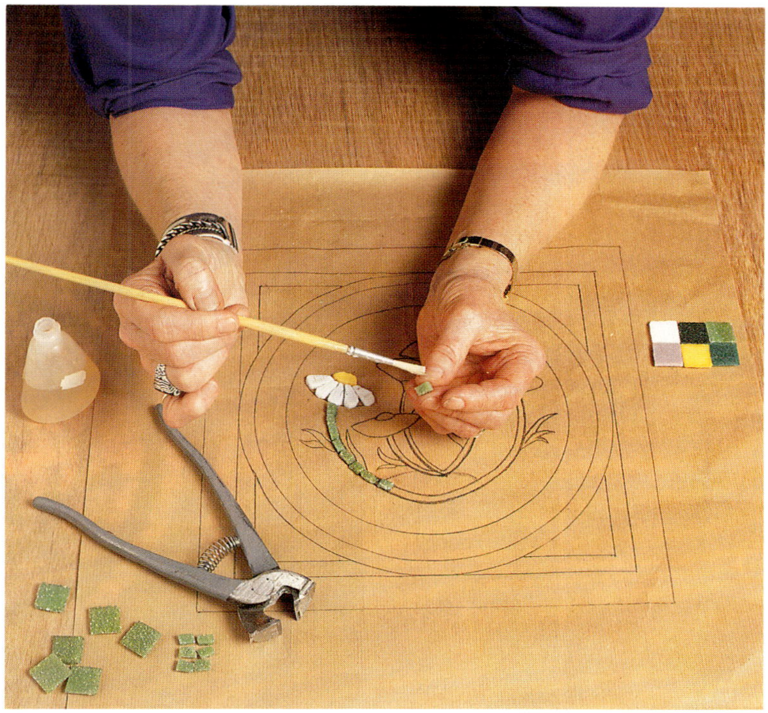

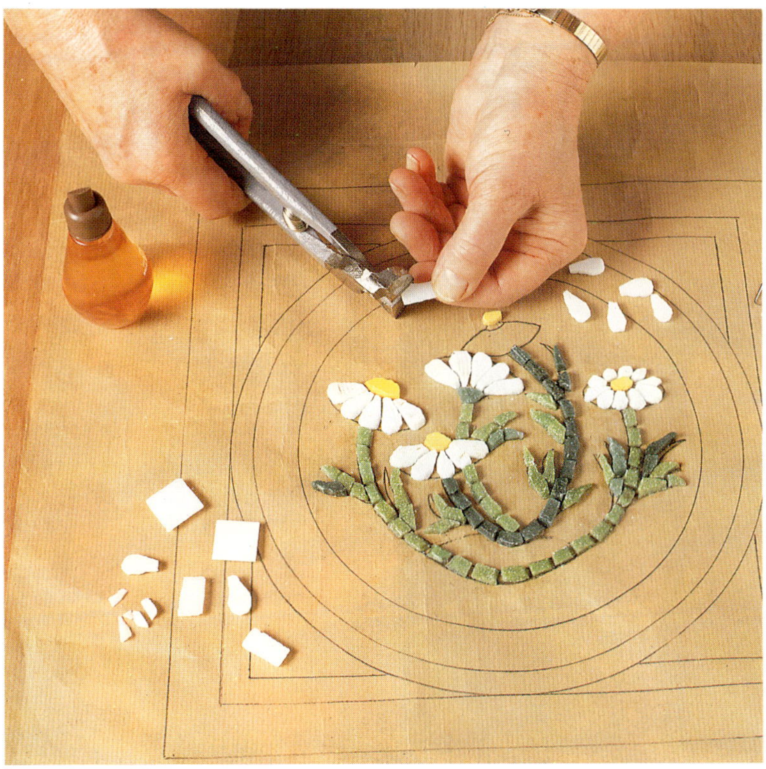

4 Enduisez de gomme les morceaux de tesselles vertes et collez-les sur le papier kraft, la face lisse en dessous. Coupez en deux et taillez les tesselles blanches pour figurer les pétales des fleurs (voir p. 19).

5 Découpez des ellipses dans des moitiés de tesselles jaunes pour figurer le cœur des fleurs. Une fois les fleurs terminées, remplissez le cercle intérieur avec des quarts de tesselles blanc cassé. Entourez-le d'un cercle vert, puis d'un cercle de tesselles blanches coupées en quatre, et enfin d'un cercle de tesselles vert foncé coupées en deux.

La bordure est composée de tesselles vert foncé entières ; les triangles à chaque coin sont formés de tesselles vertes entourées de moitiés de tesselles blanches. (Se reporter au dessin p. 42. Quatre solutions différentes sont proposées pour décorer les angles : A, B, C et D. Chaque solution modifie l'aspect général de la mosaïque.)

Laissez sécher la mosaïque.

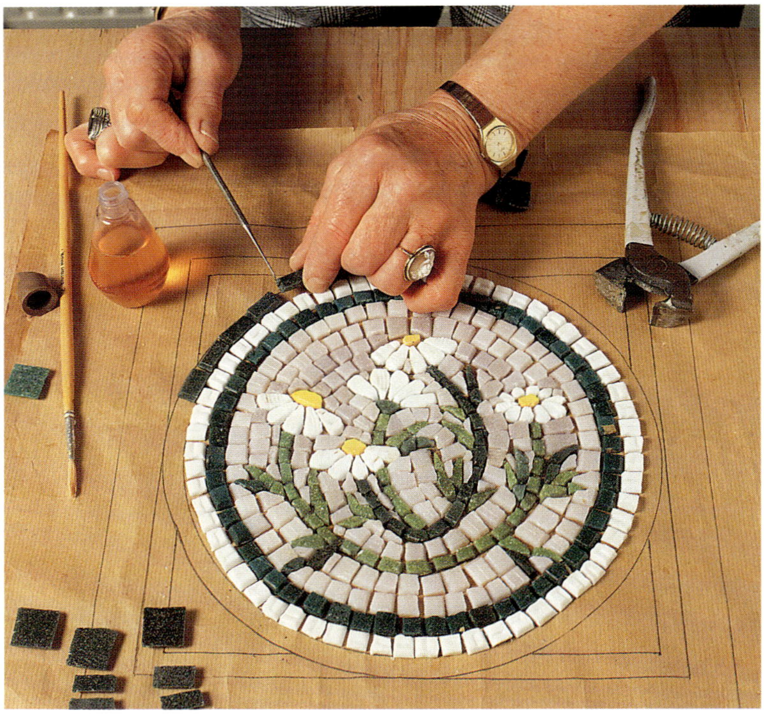

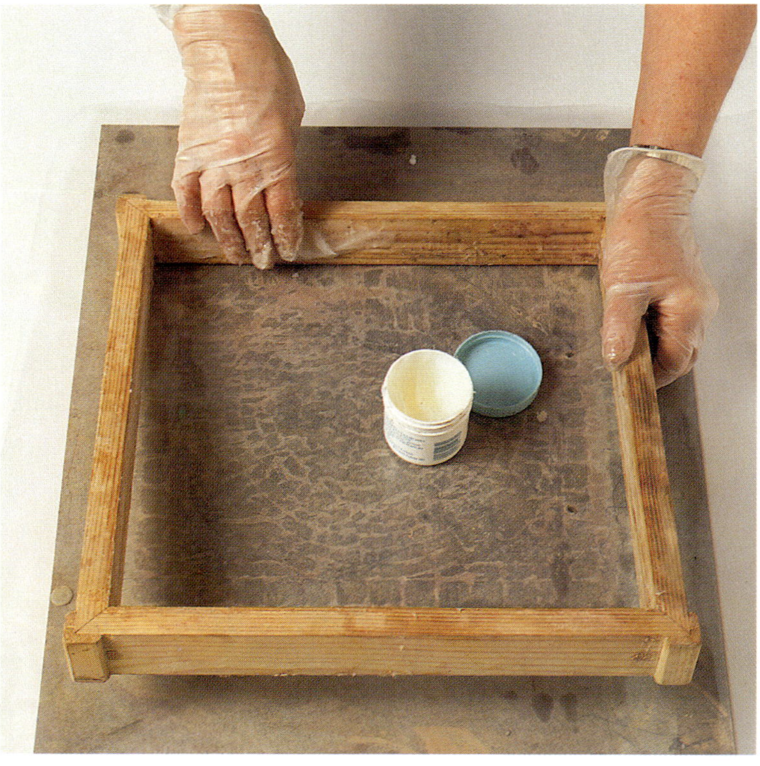

6 Utilisez un support de même taille que la mosaïque. Enduisez de vaseline les bords intérieurs du cadre, puis transférez la mosaïque sur le support et posez le cadre par-dessus.

7 Recouvrez la mosaïque d'une fine couche de sable sec fin en veillant à recouvrir tous les interstices, sans pour autant masquer les tesselles.

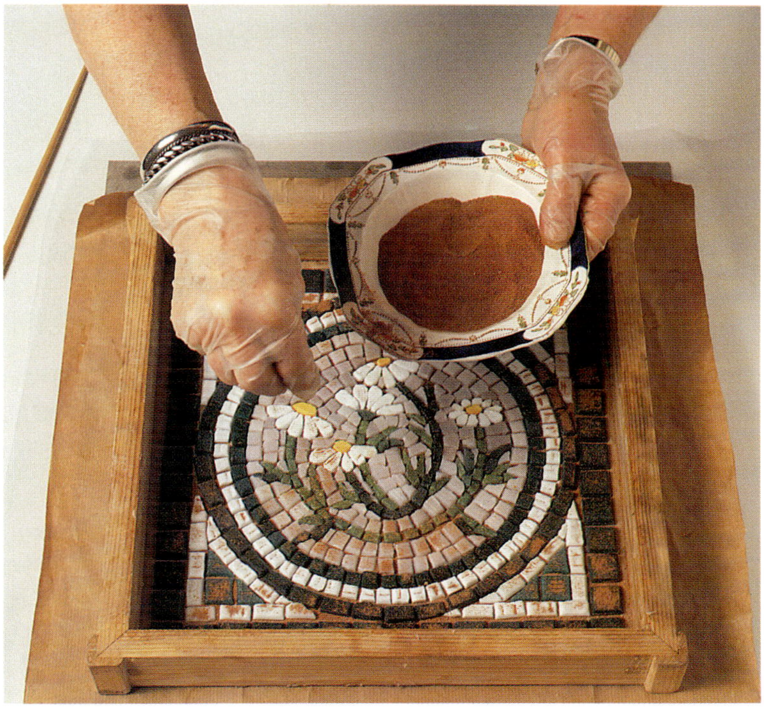

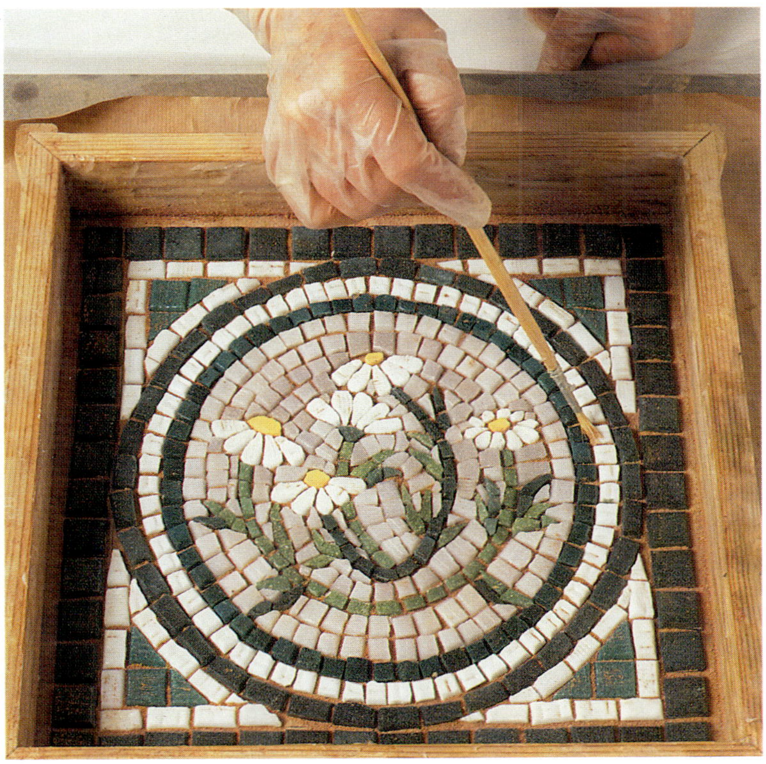

8 Répartissez le sable uniformément à l'aide d'un pinceau.

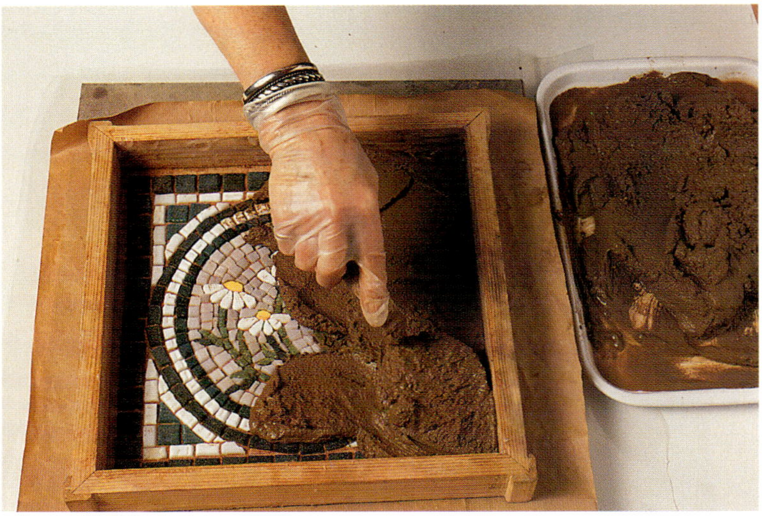

9 Dans un bol ou un récipient, mélangez le sable plus grossier avec le ciment pour obtenir un mortier solide et remplissez le cadre à mi-hauteur.

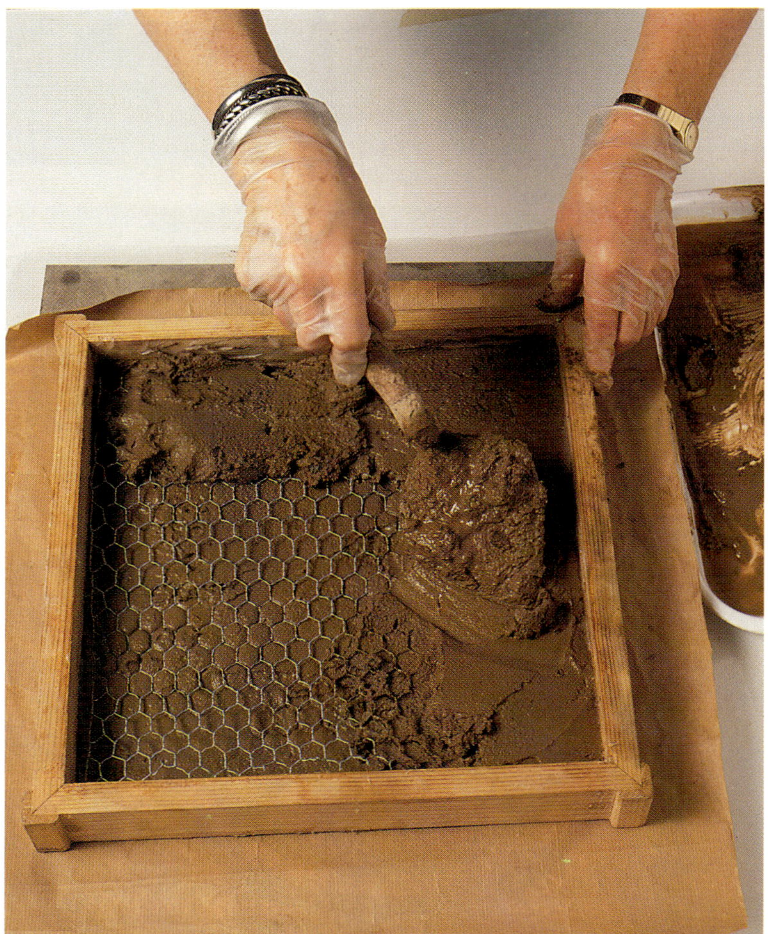

10 Découpez la grille métallique aux dimensions du cadre intérieur et placez-la sur la première couche de mortier en veillant à ce qu'elle ne touche pas le cadre en bois, ni ne le dépasse. Répartissez le reste du mortier sur la grille en remplissant le cadre jusqu'en haut.

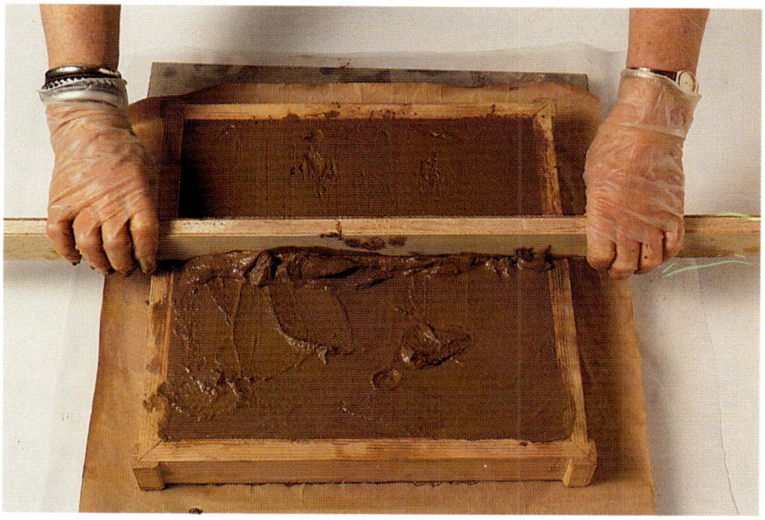

11 Lissez la surface avec une truelle en veillant à tasser suffisamment les angles. Égalisez avec une baguette en bois.

Laissez sécher le ciment pendant quatre jours sous des journaux ou des chiffons humides recouverts d'une feuille de polyéthylène. Le ciment ne doit pas sécher trop rapidement, au risque d'affaiblir la résistance du béton.

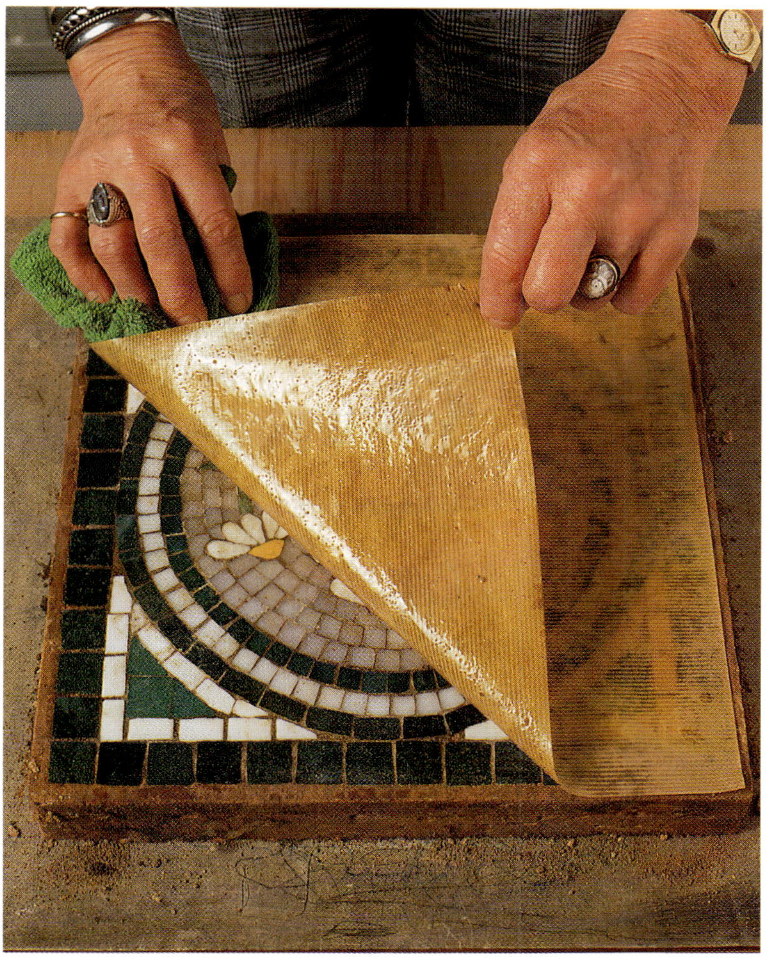

12 Sortez délicatement la mosaïque du cadre en bois et retournez-la. Humidifiez le papier kraft avec des chiffons humides et décollez-le en faisant attention à ne pas déplacer les tesselles. La mosaïque apparaît.

Avec une brosse à dents, enlevez le sable logé dans les interstices. Préparez une petite quantité de mortier de ciment (voir p. 21) et étalez-la sur la mosaïque.

Laissez durcir deux jours, puis nettoyez à l'acide (voir p. 22). Le pavé résiste désormais aux intempéries et peut être placé à l'extérieur, dans le jardin ou le patio.

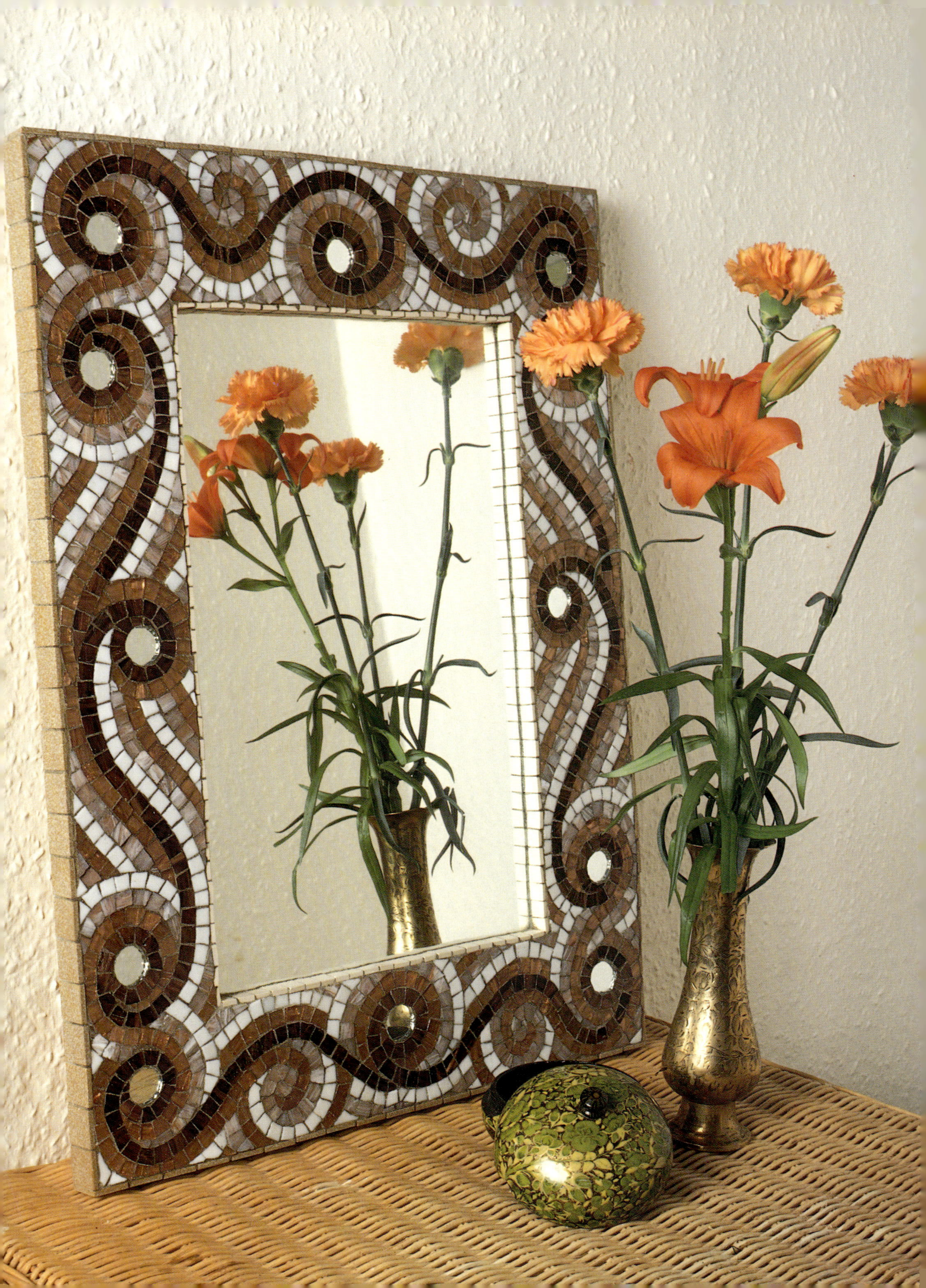

# CADRE DE MIROIR

GLEN MORGAN

Cette composition fluide repose sur des cercles et des spirales qui laissent la mosaïque se développer naturellement à partir de la disposition initiale des tesselles. Elle a été réalisée selon la méthode directe. Les tesselles en pâte de verre ont la couleur du cuivre et leur scintillement met en valeur la surface réfléchissante du miroir sans rien enlever au caractère fonctionnel de la mosaïque.

*Dimensions : 60 x 45 cm*

**MATÉRIEL**

*• Tesselles : en céramique et pâtes de verre • morceaux de miroir • pince japonaise • miroir coupé (ne pas le couper avant d'avoir fini le cadre) • papier • crayon et feutre • colle à bois • ciment-colle • couteau pointu • spatule • couteau à palette • gants en caoutchouc • sable gris • ciment • truelle • chiffons et éponges • récipient • acide chlorhydrique et brosse • contre-plaqué : 12 mm d'épaisseur ; 60 x 45 cm pour le support, 2 rectangles de 60 x 9 cm pour les côtés et 2 rectangles de 27 x 9 cm pour le haut et le bas du cadre • crochets et vis.*

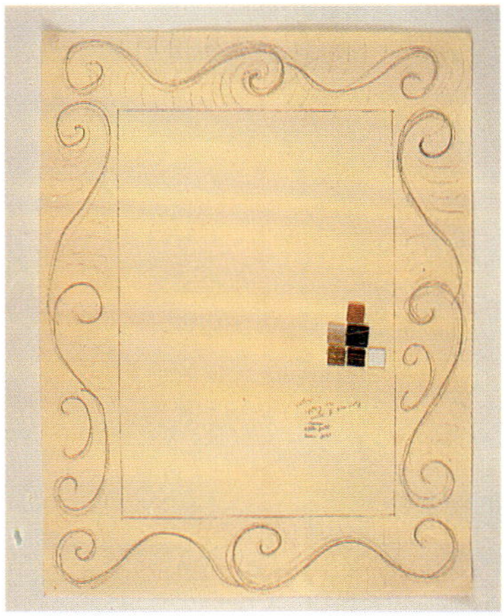

1 Dessinez le décor en grandeur réelle sur le papier.

2 Fabriquez un cadre tout simple en utilisant du contre-plaqué à la fois pour le support et le cadre. Collez le cadre sur le support avec de la colle à bois et fixez-le ou maintenez-le en position avec des poids relativement lourds pendant 24 h. Reproduisez le dessin sur le cadre en bois à main levée (pour que les formes restent souples). Striez le cadre et le support avec un couteau pointu.

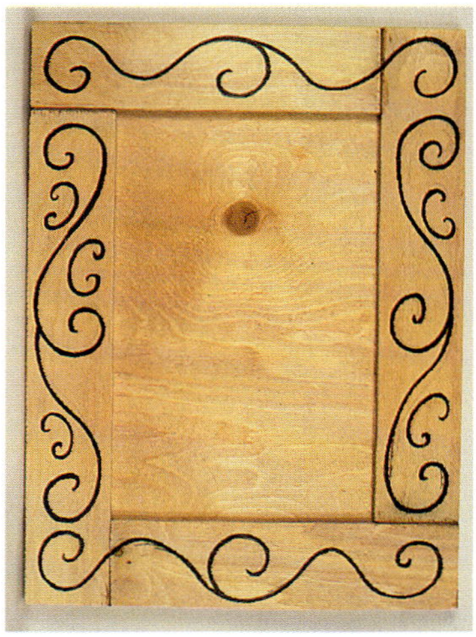

3 Coupez des tesselles pour les lignes principales de l'arabesque dans une couleur dominante en pâte de verre. Découpez des cercles dans des fragments de miroir (voir p. 19) et intégrez-les dans le décor.

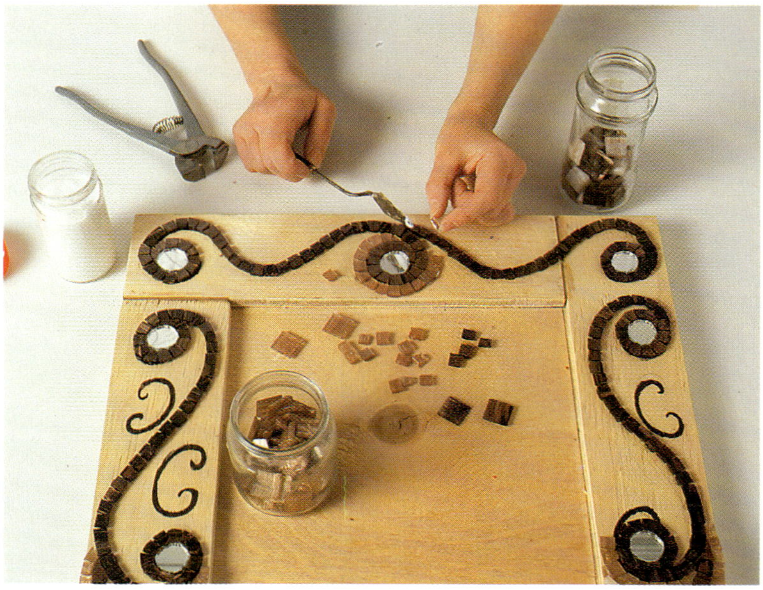

4 Continuez de recouvrir l'arabesque et les spirales avec des tesselles en pâtes de verre de trois autres couleurs. Une fois la bordure terminée, collez le miroir sur le support avec du ciment-colle.

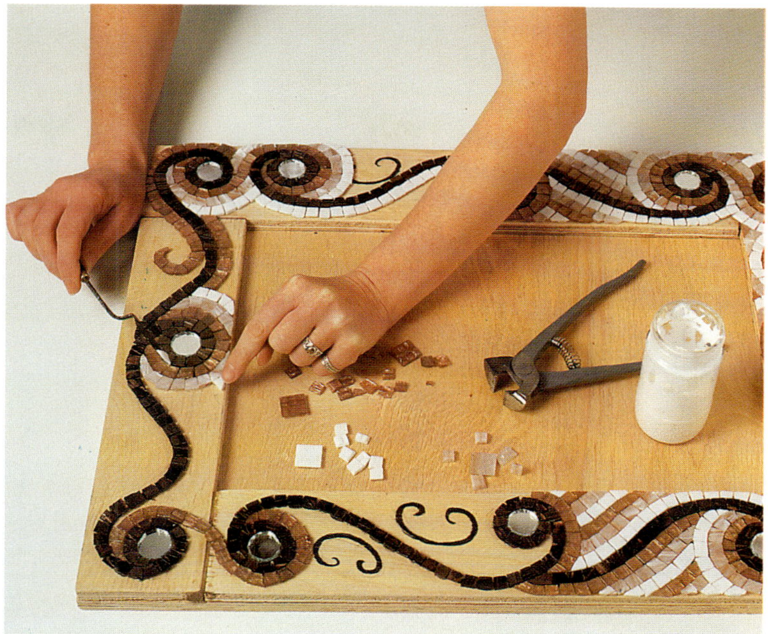

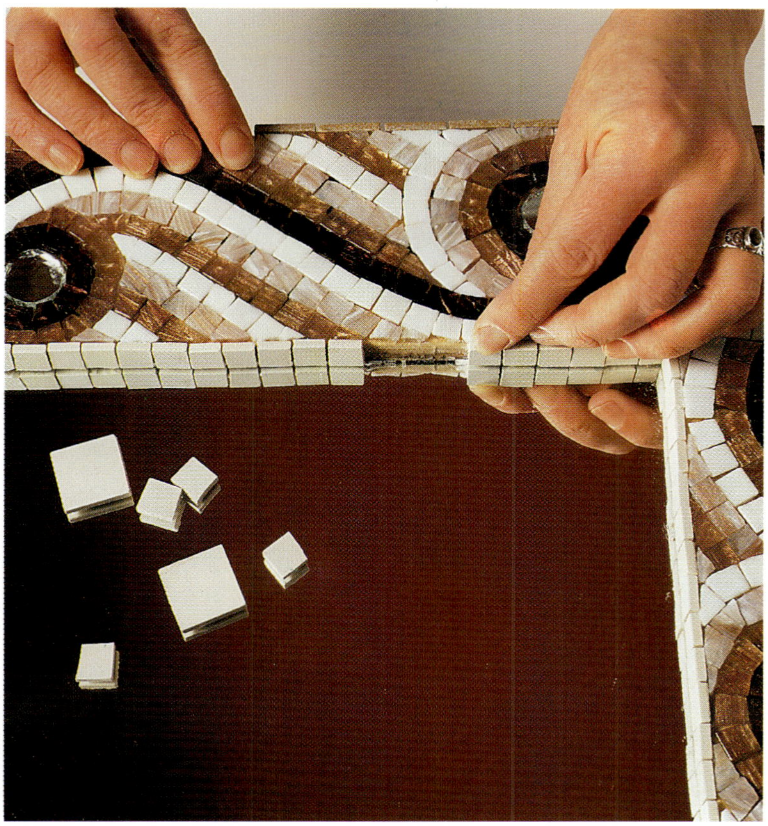

5 Coupez des tesselles en céramique pour garnir la jointure entre le miroir et la mosaïque et collez-les sur les côtés pour border la mosaïque et maintenir en place le miroir.

Collez des tesselles en céramique entières sur les bords extérieurs du support en bois pour encadrer la mosaïque. Jointoyez normalement (voir p. 21) avec du sable fin et nettoyez à l'acide (voir p. 22).

Accrochez le miroir au mur avec des crochets fixés sur les côtés ou bien en haut et en bas. Le miroir sera ainsi bien vertical.

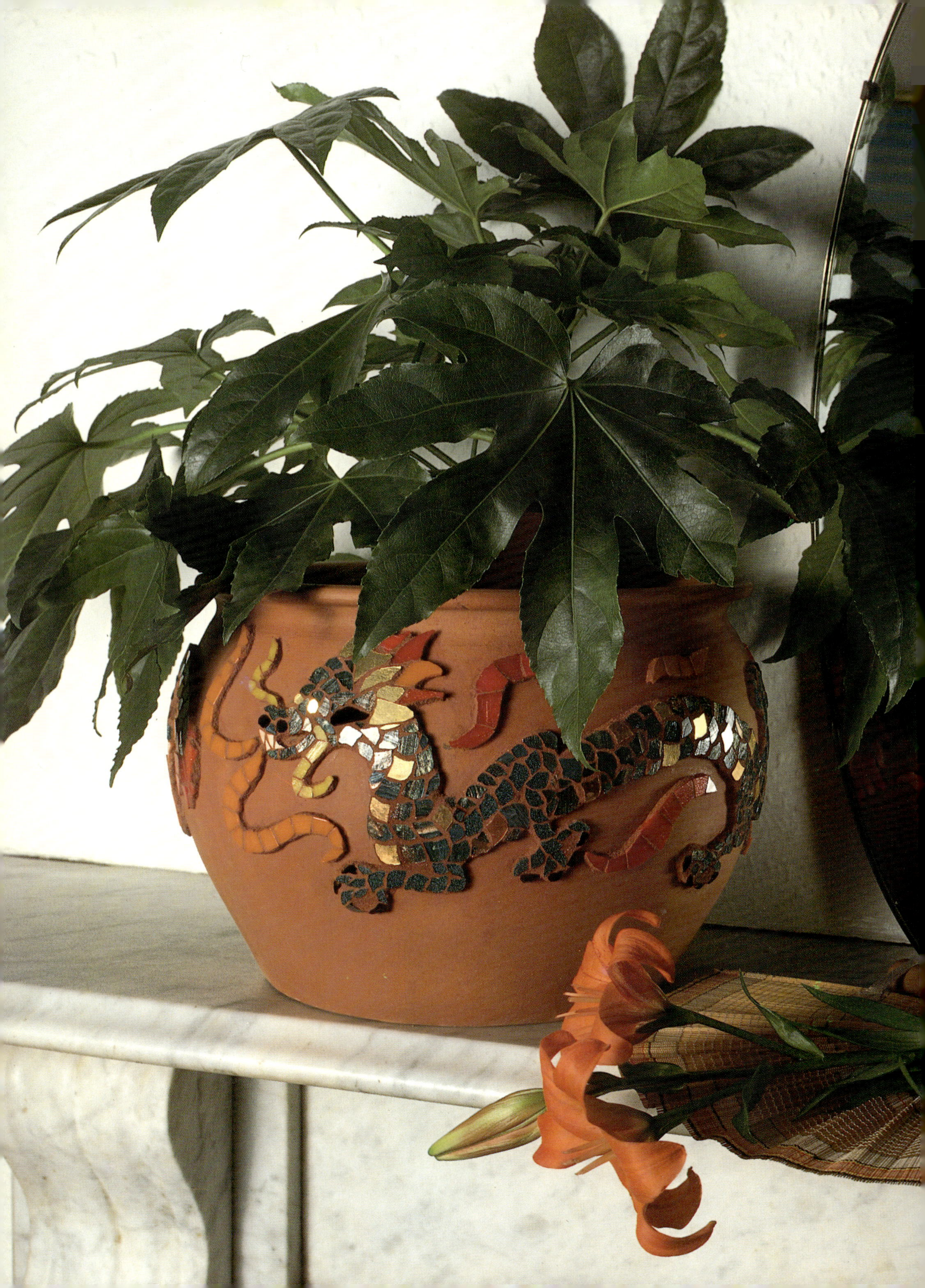

# Pot au dragon

GLEN MORGAN

Le motif du dragon est traditionnellement utilisé pour décorer les pots. Cette variation en terre réalisée selon la méthode directe donne une dimension et une couleur originales à un pot en terre cuite par ailleurs tout à fait banal. Le motif du dragon apparaît en relief sur le pot, sa riche palette de couleurs ressortant sur le fond brun-rouge. Choisissez un pot émaillé à l'intérieur ou bien enduisez l'intérieur du pot avec un produit hydrofuge à base de silicone si vous voulez le remplir de terre. Sinon, l'humidité risque de transpercer et de décoller les tesselles. Vous pouvez également utiliser de la résine époxy.

*Dimensions : environ 25 cm de diamètre*

**MATÉRIEL**

*Pot en argile brun-rouge : 25 cm de diamètre • tesselles : pâtes de verre colorées et d'or • se reporter au texte pour les couleurs • pince japonaise • crayon et feutre • papier • colle époxy • plat ou carreau pour mélanger • spatule • produit hydrofuge (au silicone), facultatif • brosse • pinces ou instrument similaire • ciment • sable rouge • truelle • gants • chiffons et éponges • récipient • acide chlorhydrique et brosse.*

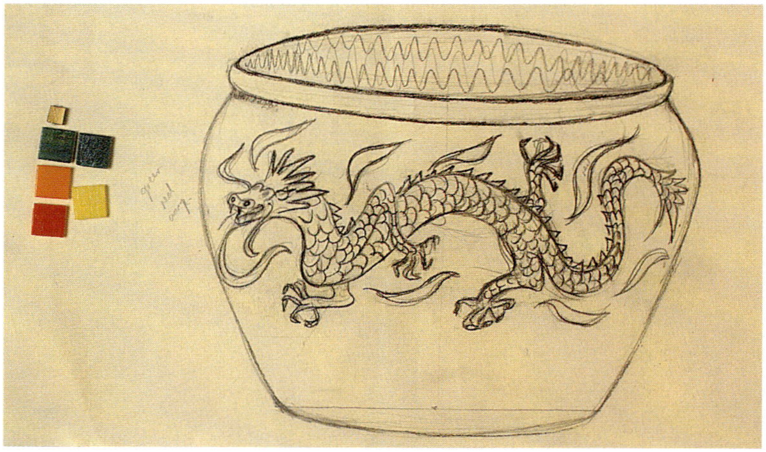

1 Dessinez le motif en grandeur réelle sur le papier.

2 Reproduisez le dessin (à main levée) sur le pot.

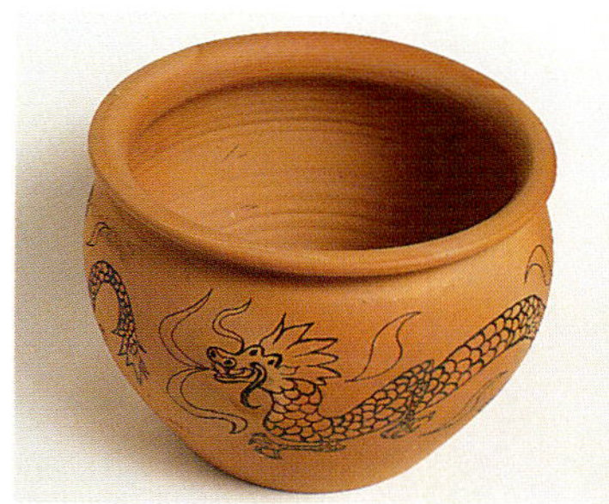

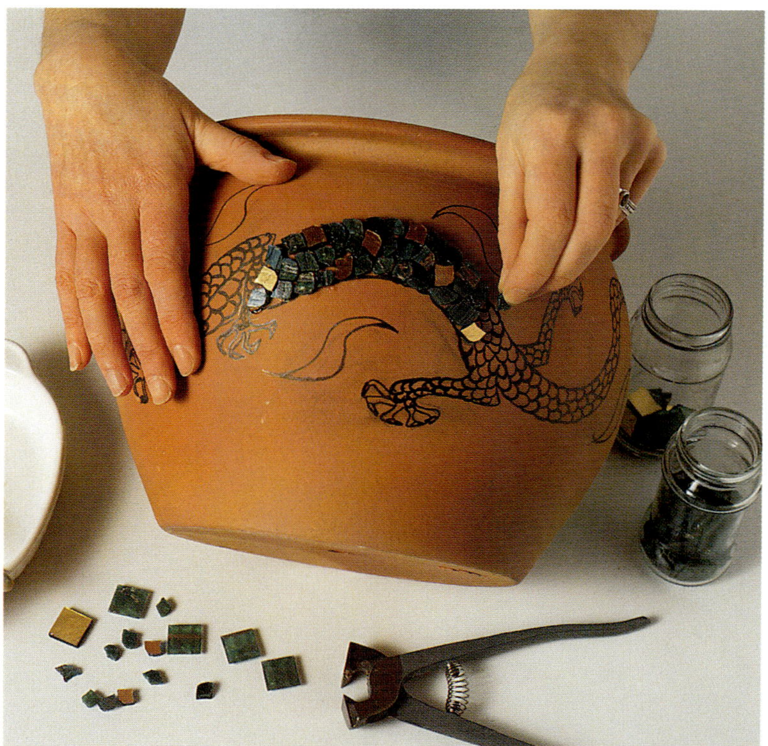

3 Mélangez dans un plat ou sur un carreau les deux composants de la colle époxy. Découpez les écailles et collez-les sur le corps du dragon en intercalant de temps à autre des écailles en or pour animer la surface.

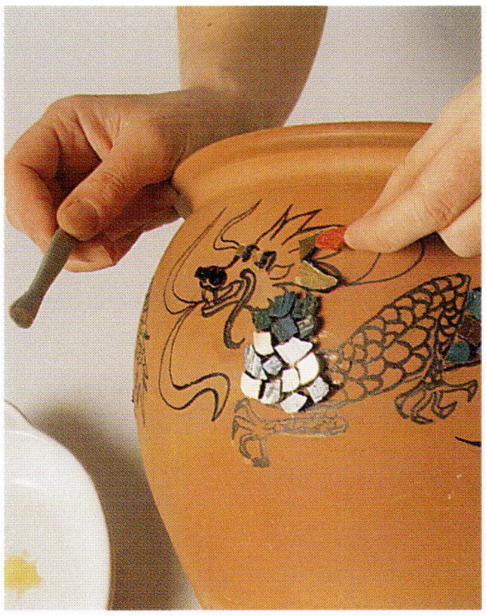

4 Coupez et collez sur le pot les différentes parties de la tête : yeux, narines, etc.

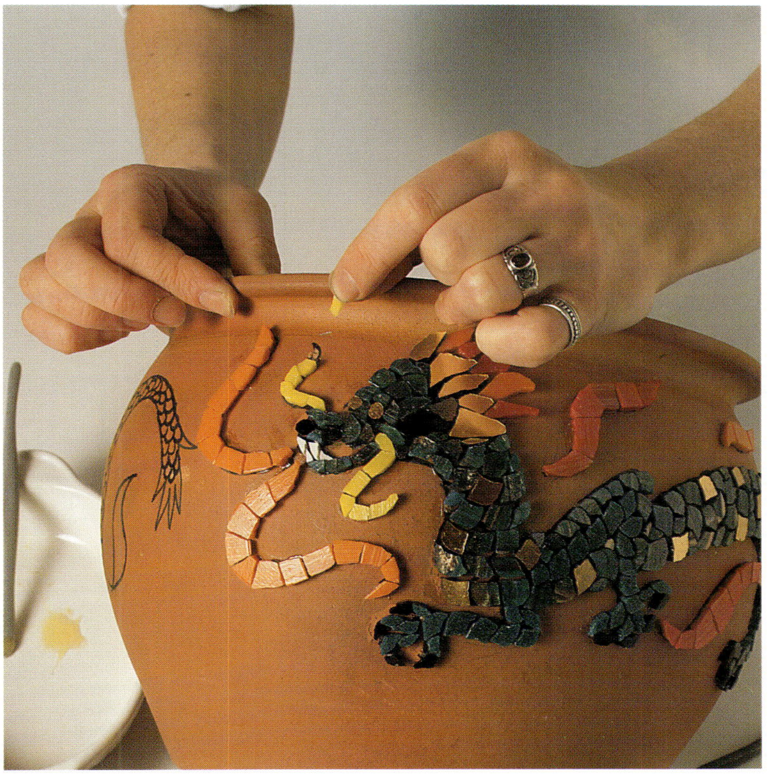

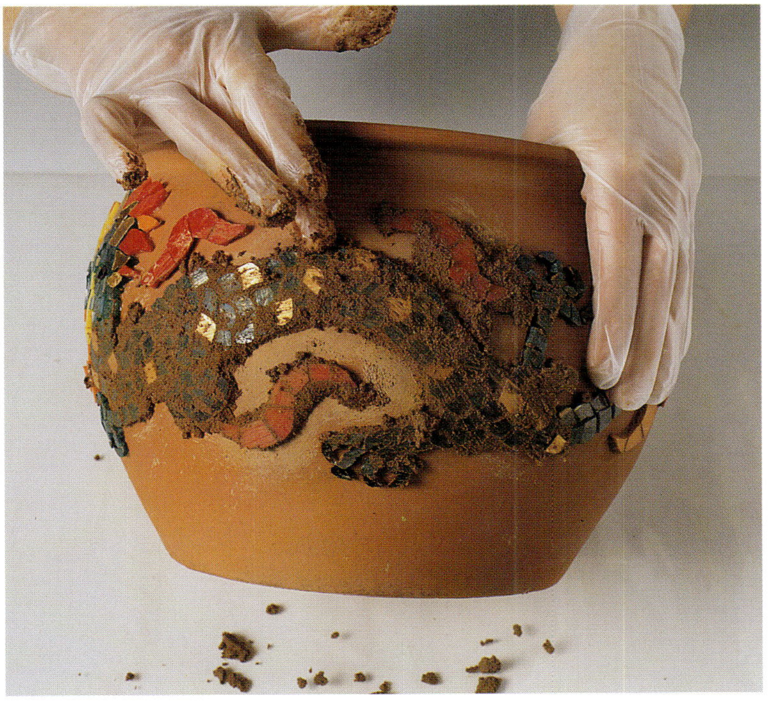

5 Achevez le corps du dragon, ainsi que les flammes. Ne collez rien sur le fond, le dragon devant apparaître en relief sur le fond brun-rouge.

Procédez de la même manière avec le deuxième dragon sur le côté opposé du pot.

6 Avec des gants en caoutchouc, étalez le mortier de ciment sur la mosaïque en faisant particulièrement attention aux bords (voir p. 21). Nettoyez à l'acide (voir p. 22), remplissez le pot avec du compost et placez-y une plante.

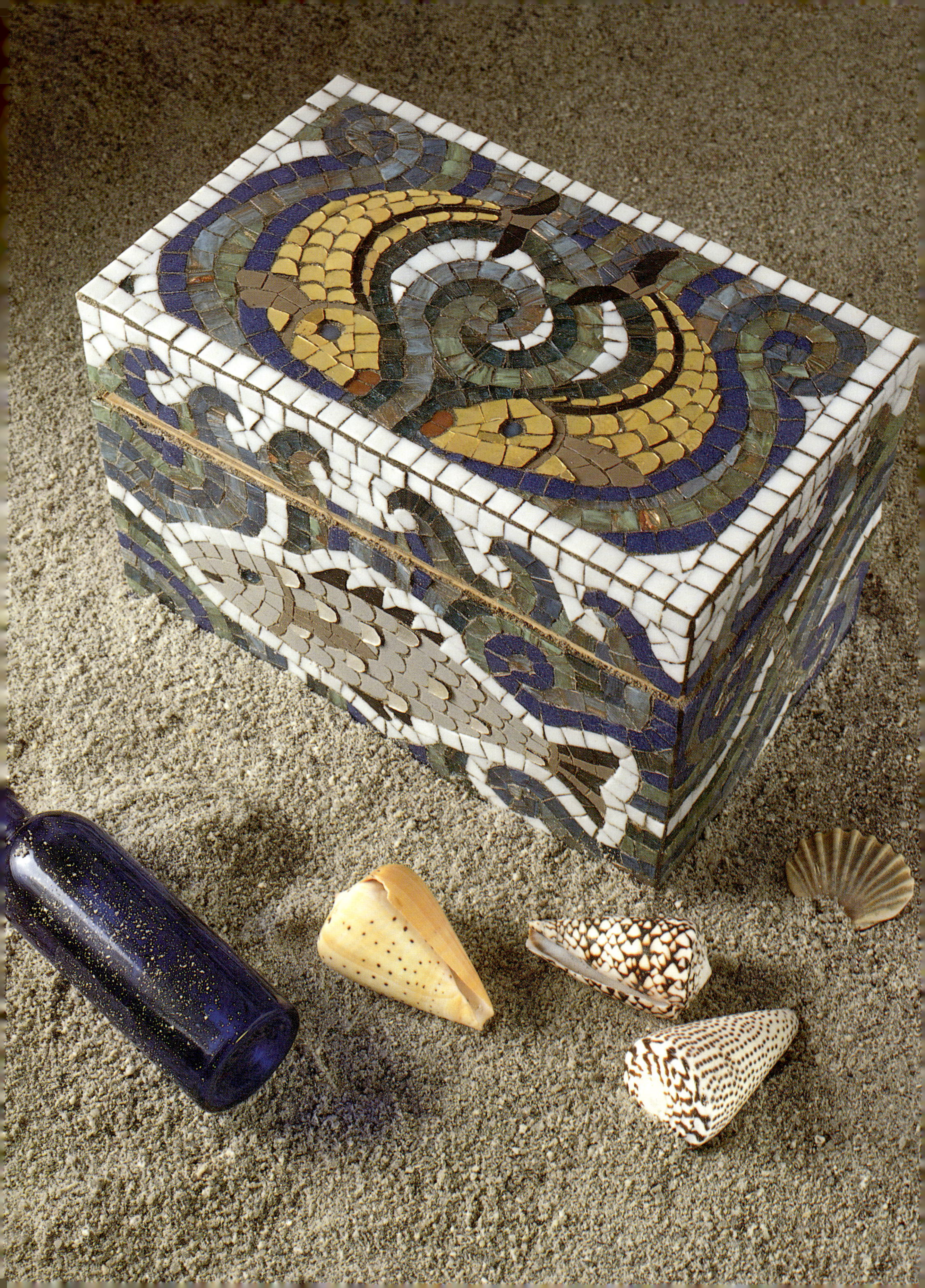

# BOÎTE AU POISSON

GLEN MORGAN

Sur cette mosaïque, réalisée selon la méthode directe, les arabesques représentent les vagues, qui font partie intégrante du décor marin. Le mélange des matériaux incluant des pâtes de verre d'or et des fragments de miroir donne à la boîte une texture riche et étincelante. Son volume et ses nombreuses facettes lancent un défi au mosaïste qui doit réussir à recouvrir les arêtes et les coins tout en préservant la souplesse et la fluidité du décor.

*Dimensions : 28 x 17 x 17 cm*

**MATÉRIEL**

*• Boîte en bois avec un couvercle à charnières : 28 x 17 x 17 cm*
*• tesselles : pâtes de verre, céramique, or et fragments de miroir ; se reporter au texte pour les couleurs*
*• pince japonaise • feutre*
*• crayon • papier*
*• ciment-colle • couteau à palette • couteau pointu*
*• pincettes ou instrument similaire • sable gris*
*• ciment • gants en caoutchouc • truelle*
*• chiffons et éponges*
*• récipient • acide chlorhydrique et brosse.*

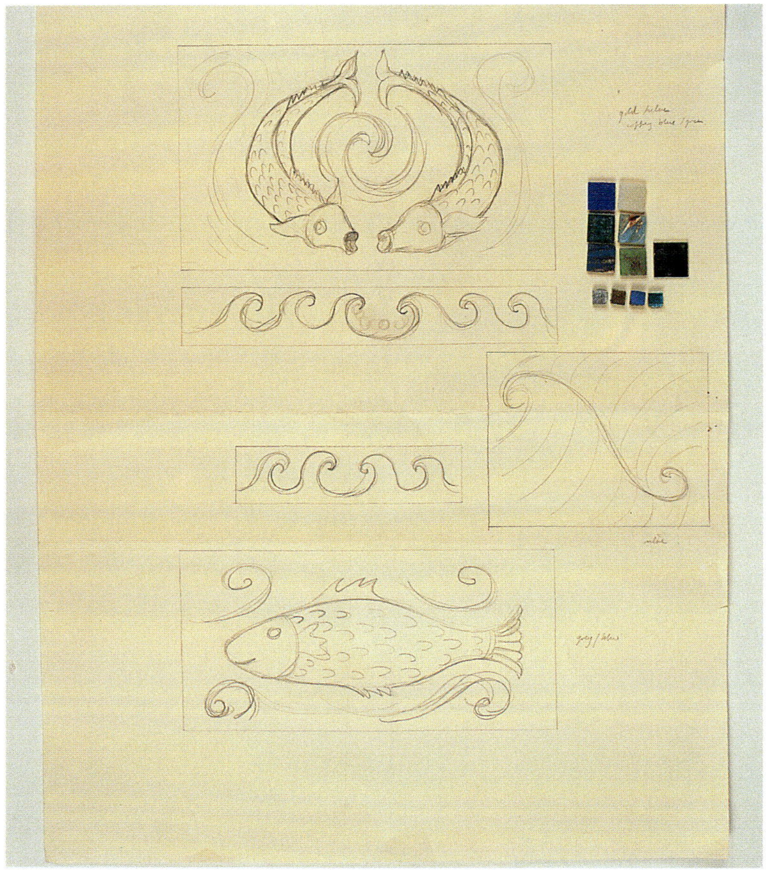

1 Dessinez les motifs ornant le couvercle et les quatre côtés de la boîte en grandeur réelle sur le papier, en utilisant le même motif sur les côtés opposés et un motif unique sur le couvercle.

2 Reproduisez les motifs à main levée sur la boîte. Striez toutes les faces de la boîte.

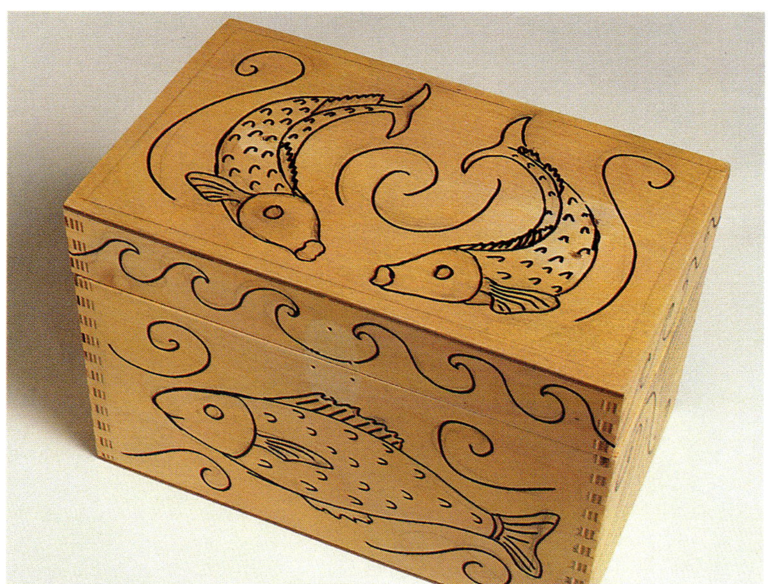

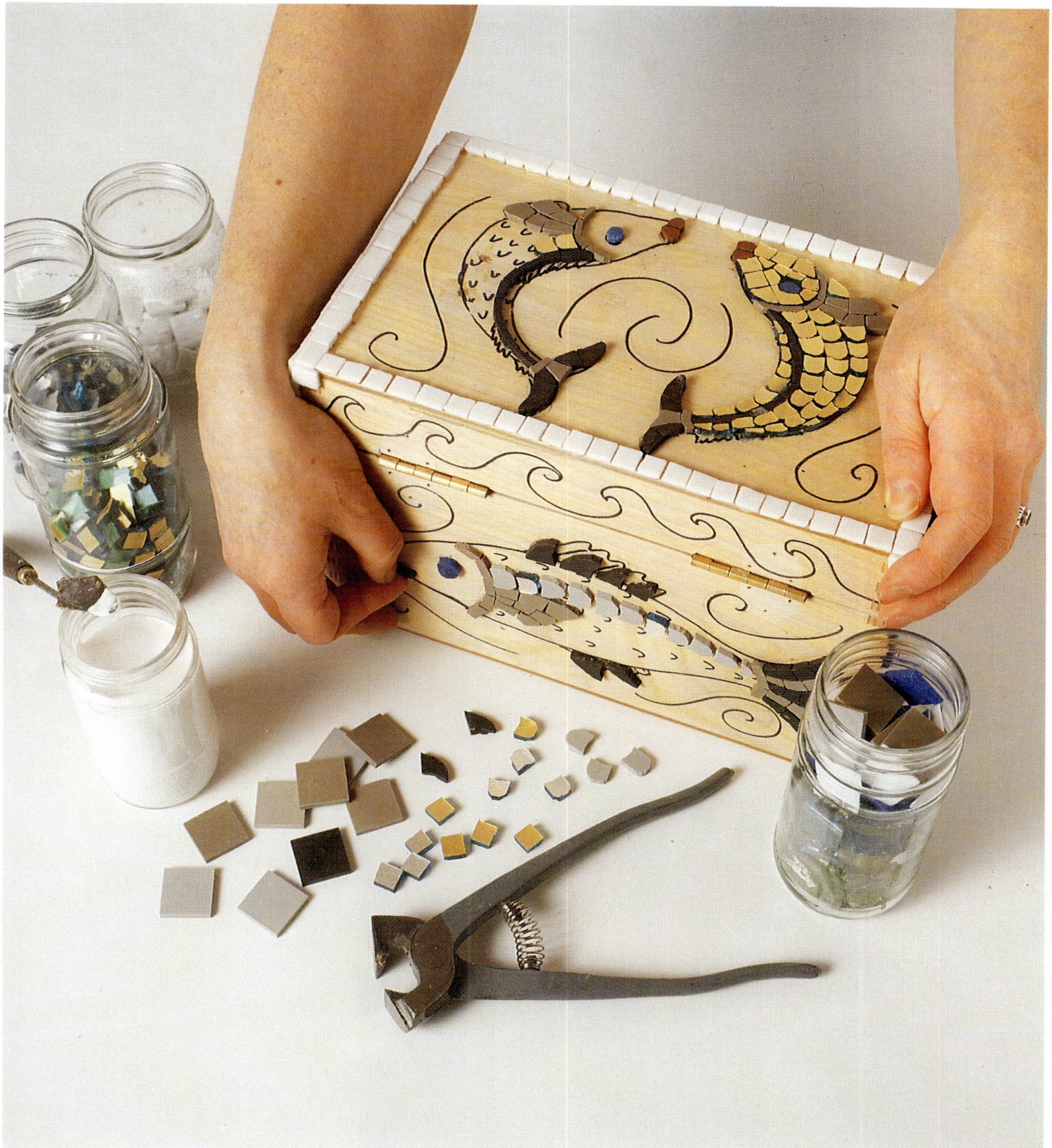

3 Découpez les écailles des deux gros poissons et collez-les sur les grands côtés de la boîte. Procédez de la même manière pour le couvercle, mais utilisez comme couleur dominante des pâtes de verre d'or.

4 Terminez les poissons ornant les grands côtés et entourez-les d'une rangée de tesselles blanches. Commencez les vagues ; veillez à harmoniser le décor du couvercle avec celui de la boîte.

Appliquez les tesselles comme indiqué sur l'illustration.

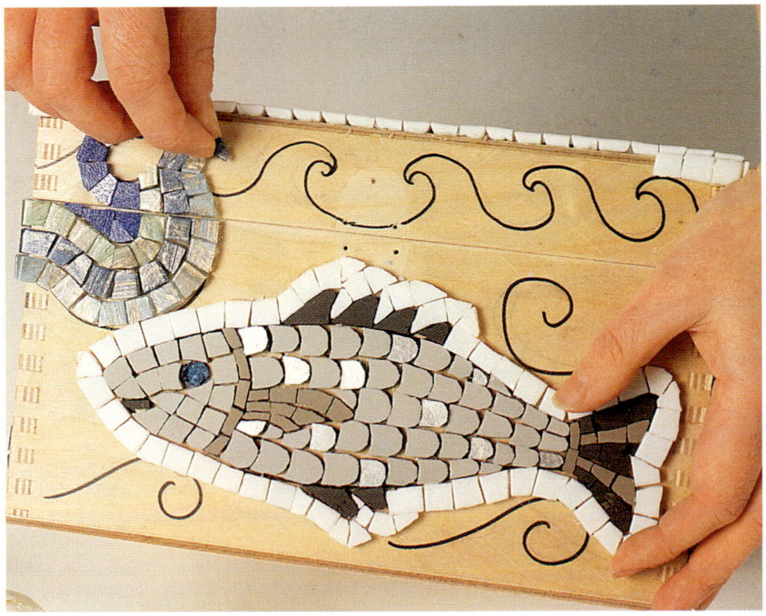

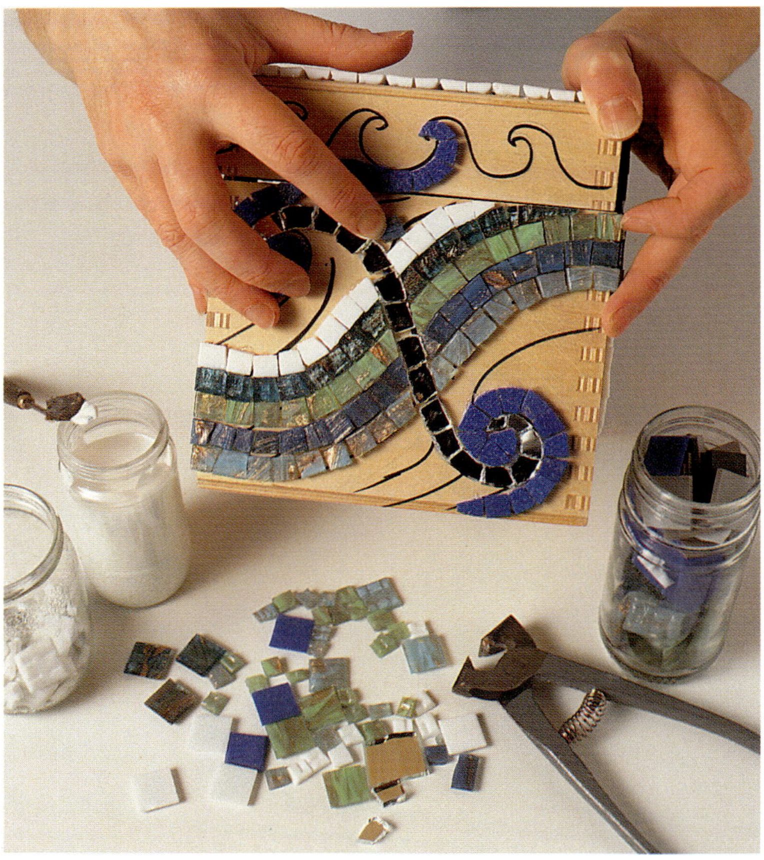

5 Exécutez les formes abstraites des vagues sur les petits côtés, en intercalant les fragments de miroir.

6 Terminez
les petits côtés.

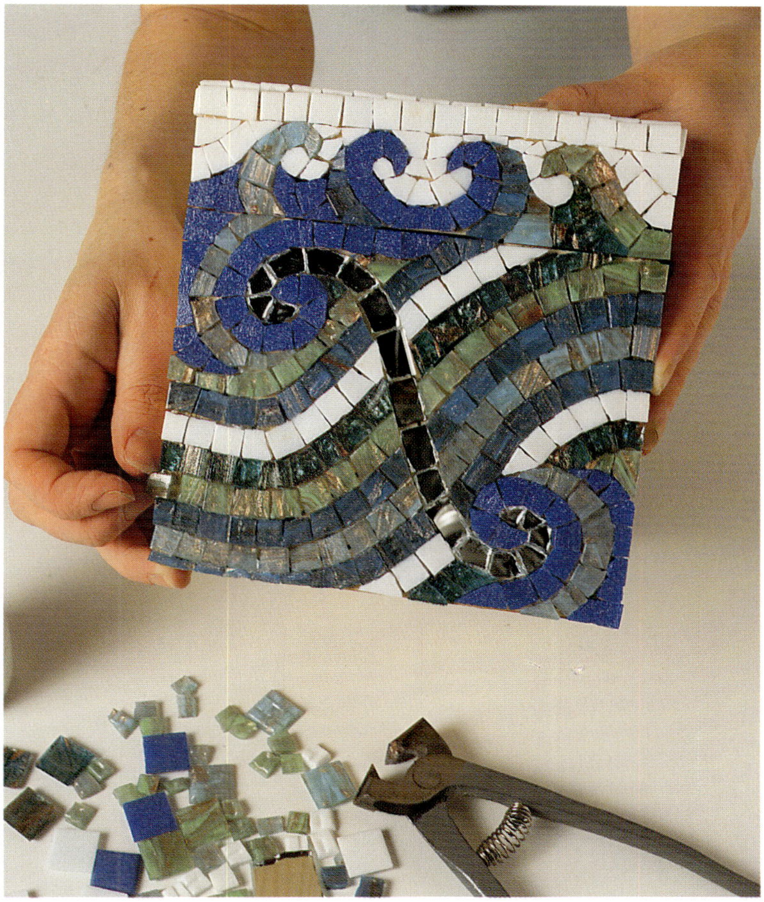

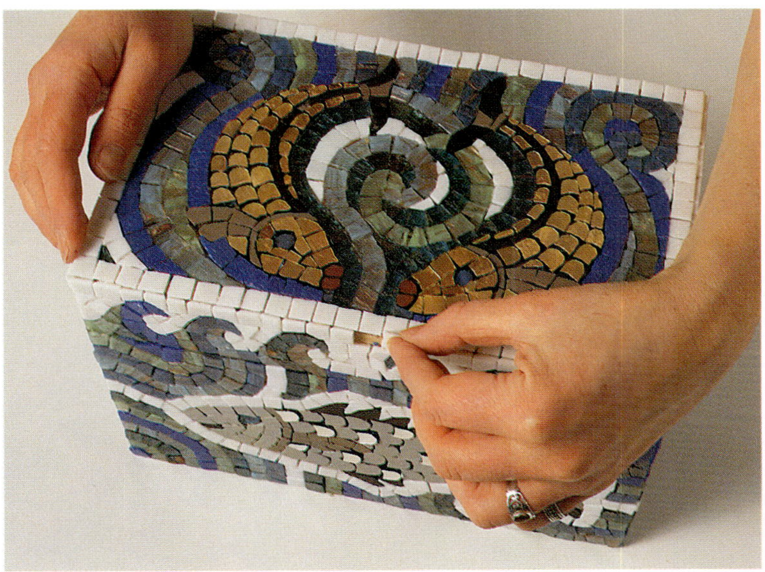

7 Utilisez l'arête biseautée des tesselles blanches pour obtenir des bords nets et propres. Terminez le couvercle.

Recouvrez de mortier de ciment en faisant particulièrement attention aux coins (voir p. 21). Nettoyez à l'acide (voir p. 22).

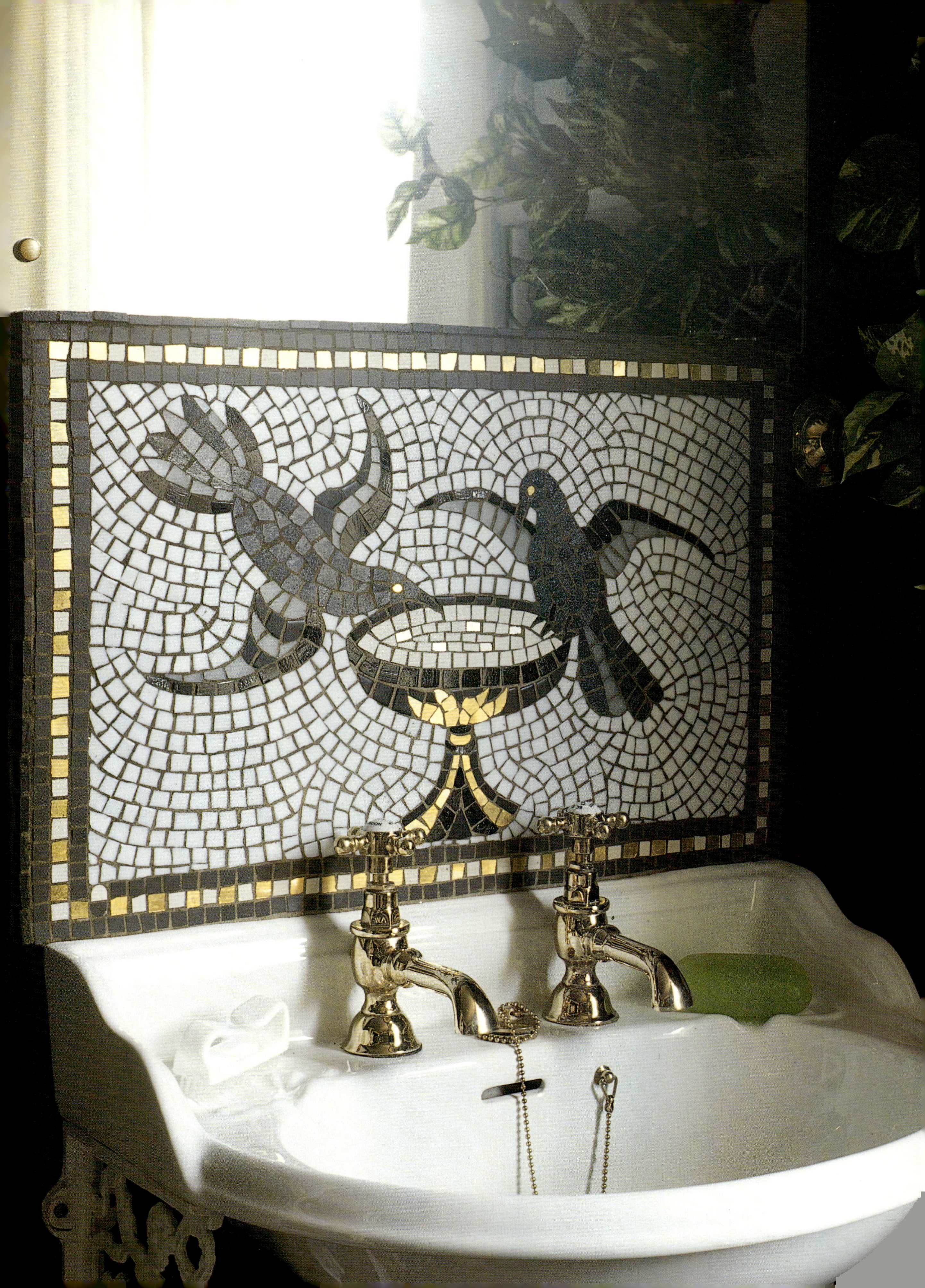

# DEUX OISEAUX SE DÉSALTÉRANT

ELAINE M. GOODWIN

Cette mosaïque, à la fois originale et fonctionnelle, est réalisée selon la méthode directe. Chacun est libre de choisir les couleurs qui lui conviennent. Le thème des oiseaux se désaltérant est l'un des thèmes favoris des mosaïstes. Il fascinait les Romains, tout comme les chrétiens byzantins. Aujourd'hui encore, il est tout à fait adapté pour décorer une mosaïque surmontant un lavabo. Les oiseaux ont été dessinés d'après des croquis réalisés par l'artiste, alors qu'elle travaillait sur des mosaïques murales en Inde. Pour cette mosaïque, elle a utilisé différentes sortes de tesselles noires, blanches et or.

*Dimensions : 55 x 35 cm*

5 Garnissez le fond en suivant les lignes les plus fortes pour donner une impression de mouvement (*Opus Vermiculatum*, voir p. 20). Lorsque vous avez terminé, laissez sécher la colle pendant au moins 24 heures.

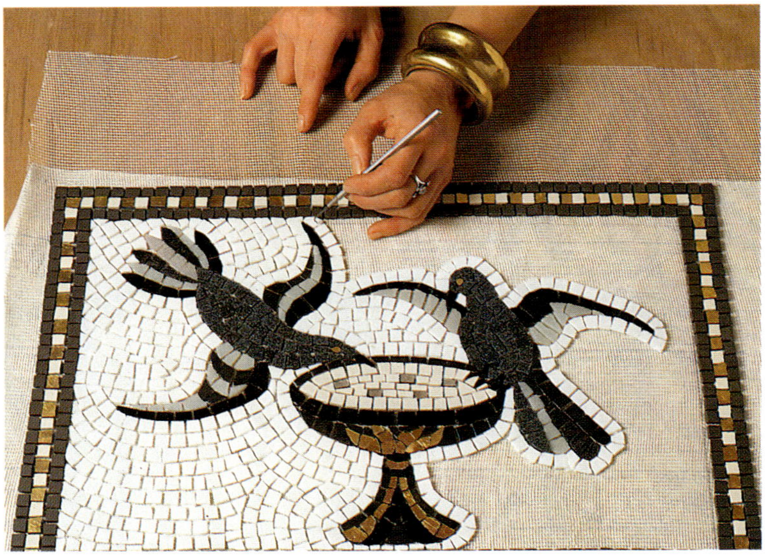

6 Découpez la gaze en suivant le bord extérieur de la mosaïque. La mosaïque collée sur la gaze peut maintenant être transportée et fixée au mur de la salle de bains.

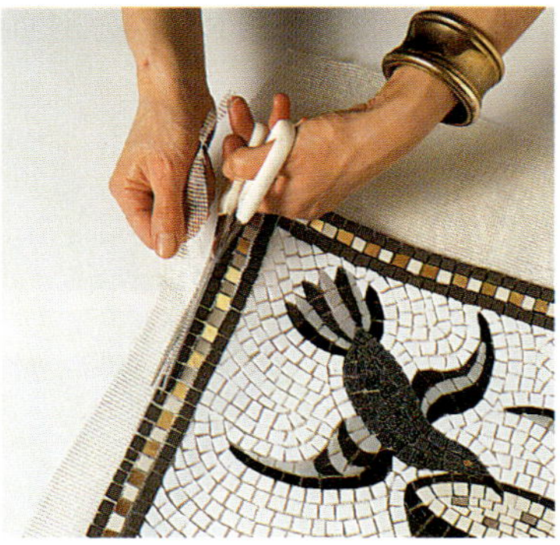

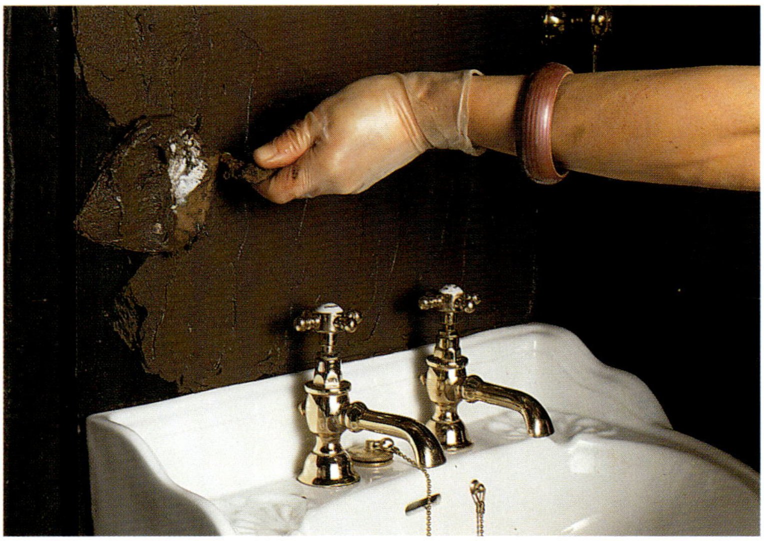

7 Préparez la surface située derrière le lavabo en la délimitant et en l'enduisant de ciment-colle dilué. Il est parfois nécessaire de strier le mur pour une meilleure adhérence. Préparez du mortier, en ajoutant à l'eau du ciment-colle (voir p. 20). Le mortier ne doit pas être trop humide. Étalez-le à la truelle sur le mur de manière à ce qu'il ait 5 mm d'épaisseur. (Tout excédent de ciment pourra être enlevé facilement ultérieurement.)

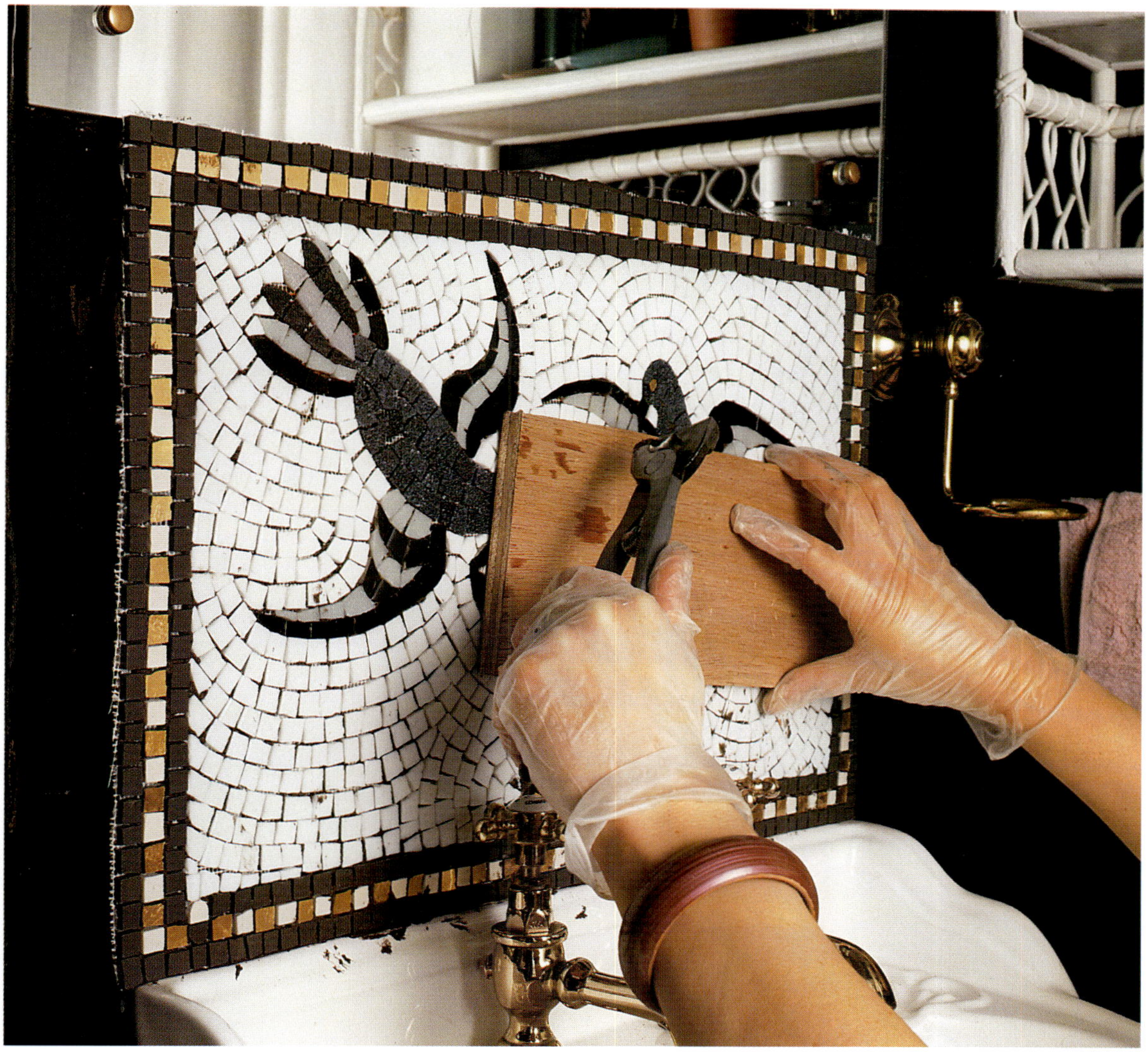

8 Soulevez délicatement la mosaïque et mettez-la en position, en la tenant par les bords supérieurs. Lorsqu'elle paraît correctement placée, tapotez* doucement dessus en utilisant un carreau ou un bloc de bois. Le ciment remonte à la surface de la mosaïque à travers les trous de la gaze. Vérifiez que la surface soit bien égalisée, en utilisant si nécessaire une baguette en bois. Laissez sécher une heure.

Avec un couteau, enlevez délicatement l'excédent de ciment sur les bords et la surface de la mosaïque. Humidifiez la mosaïque avec des éponges ou des chiffons humides pendant trois jours. Puis recouvrez la mosaïque de mortier de ciment (voir p. 21) ; biseautez les bords ou bien ajoutez une petite bordure en mosaïque.

Nettoyez à l'acide (voir p. 22), puis lavez la mosaïque à grande eau sans craindre de l'abîmer. Elle fait désormais partie intégrante du mur.

** Ce geste sert à bien encastrer la mosaïque. Lorsque la mosaïque collée sur la gaze ou le papier est en position, posez par-dessus un carreau ou un bloc de bois et enfoncez la mosaïque en tapotant doucement dessus avec un marteau ou avec le côté de la pince japonaise.*

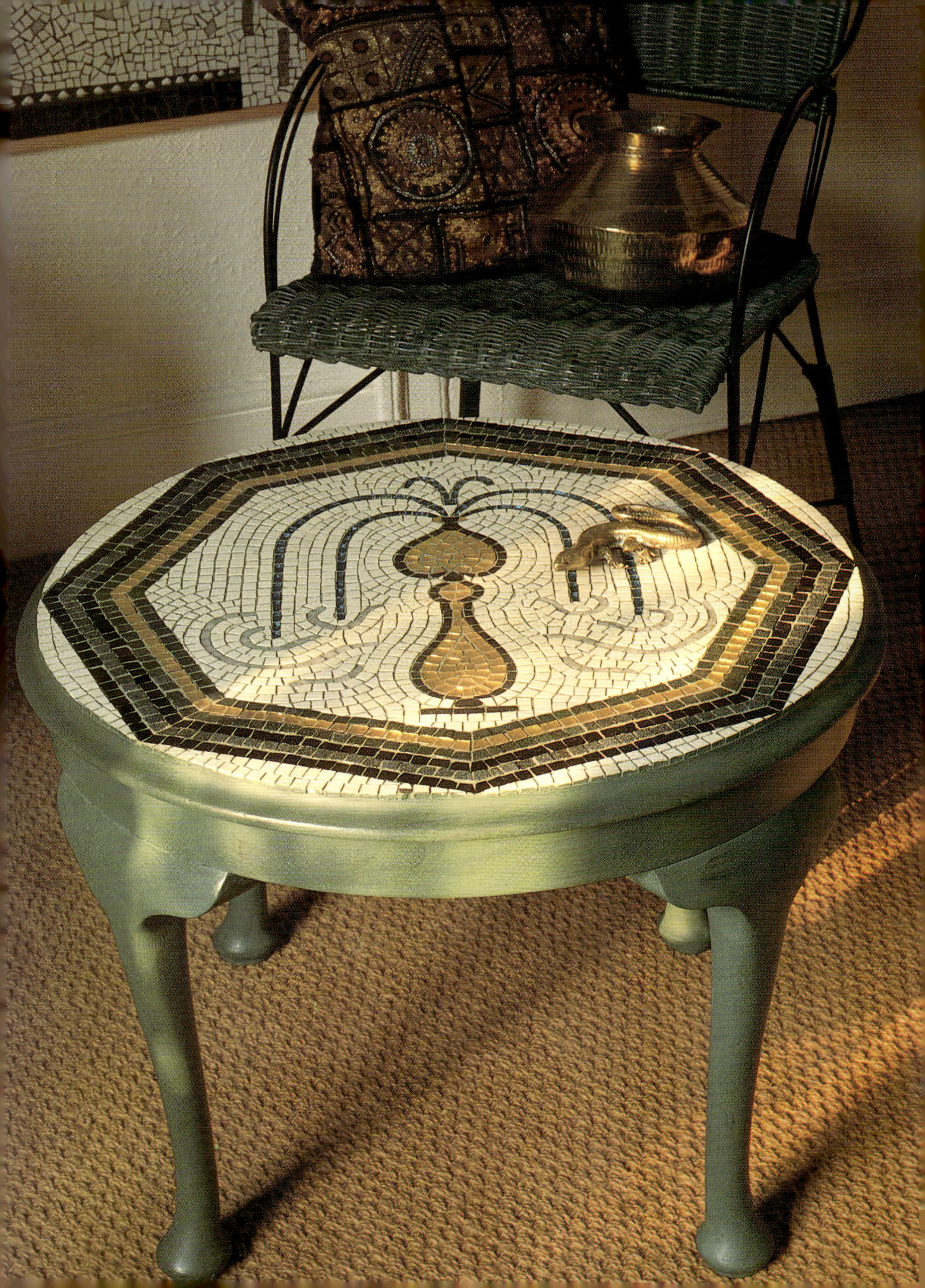

# TABLE À LA FONTAINE

ELAINE M. GOODWIN

La mosaïque redonne vie à cette table, autrement banale. Le dessin de la fontaine a été adapté à la forme circulaire de la table en intégrant un cadre octogonal à l'intérieur du cercle, ce qui rappelle les piscines mongoles ou les tables à jeu arabes. La palette de couleurs réduite est compensée par les pâtes de verre d'or utilisées à la fois pour leur vif éclat doré et pour leur support en verre luminescent. La simplicité des couleurs et du dessin est la grande force de cette mosaïque réalisée selon la méthode directe.

*Dimensions : 56 cm de diamètre*

**MATÉRIEL**

*• Table en bois : 56 cm de diamètre (table solide, avec un plateau lisse et propre) • tesselles : pâtes de verre, céramique et pâtes de verre d'or ; se reporter au texte pour les couleurs • pince japonaise • ciment-colle • couteau à palette • couteau pointu • pincettes ou instrument similaire • papier de verre • brosse, peinture et cire pour les pieds de la table • papier-calque • crayon • feutre • gants en caoutchouc • ciment • pigment vert pour ciment • sable fin • truelle • raclette • acide chlorhydrique et brosse • chiffons et éponges • récipient.*

1 Nettoyez et poncez la surface de la table.

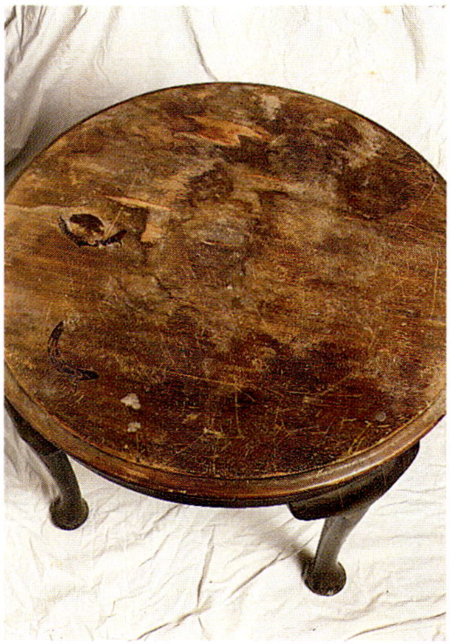

2 Dessinez le décor en grandeur réelle sur du papier. Assurez-vous qu'il convienne à la forme du plateau et à la forme générale de la table. Décalquez le dessin sur le plateau de la table. Vous irez plus vite si le dessin est symétrique. Striez la table.

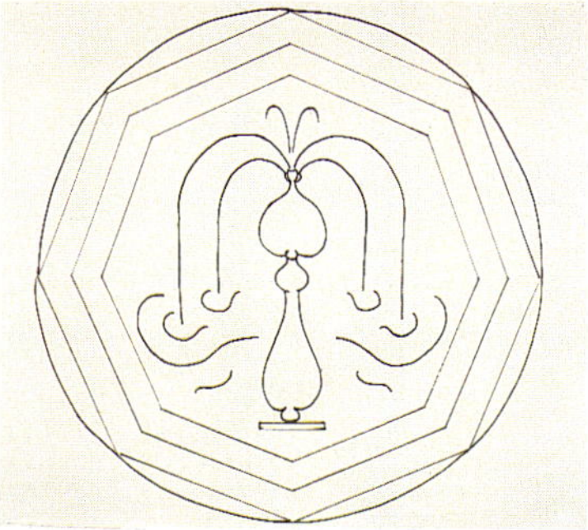

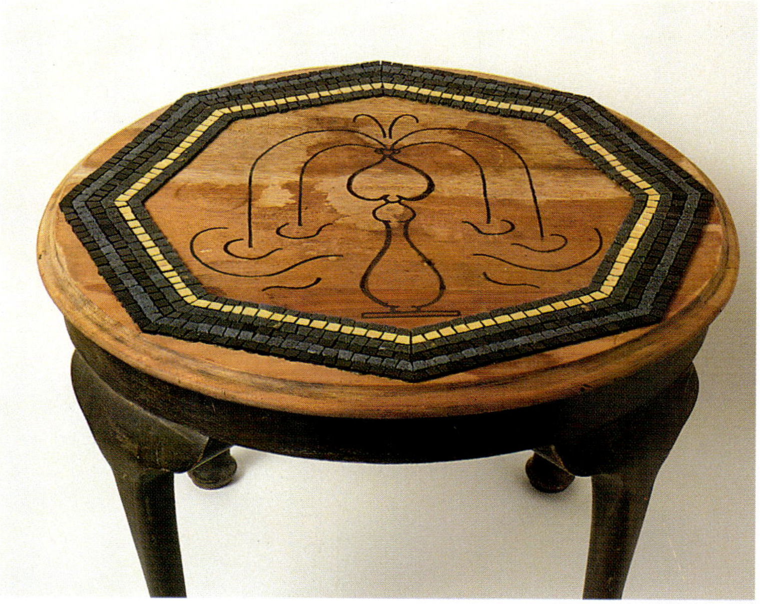

3 Coupez en quatre les tesselles noires, grises, or et vertes; assemblez en onglet les tesselles se rejoignant à chacun des huit coins. (Les tesselles assemblées en onglet doivent former entre elles un angle de 45°). Elles doivent donc être taillées à un angle de 45°.

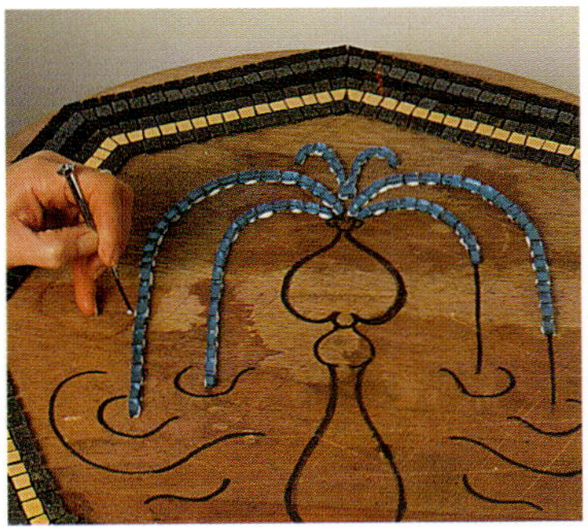

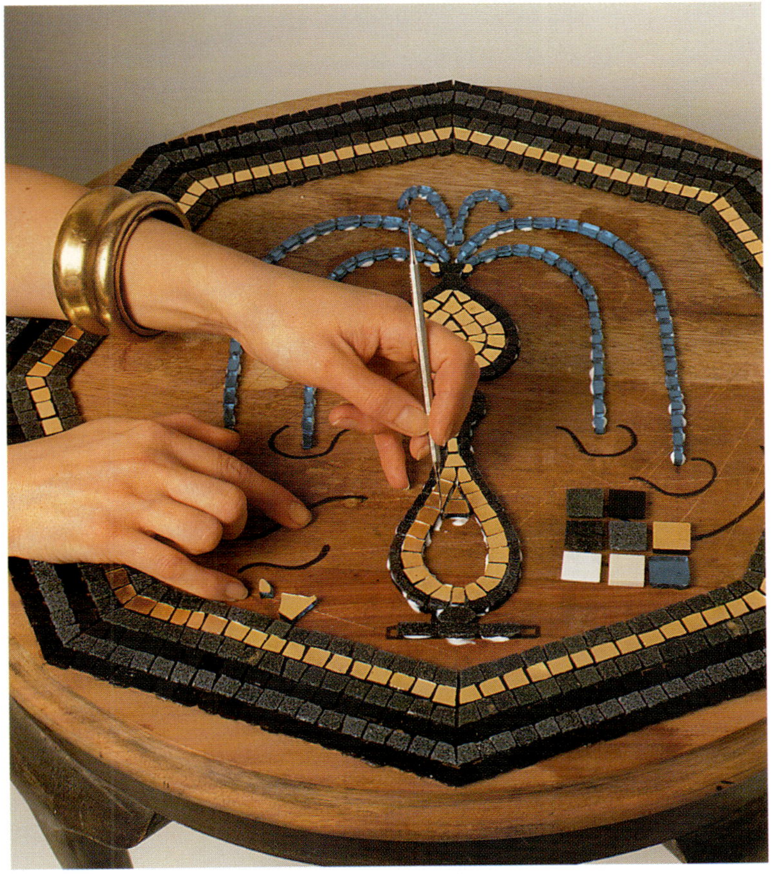

**4** Retournez les pâtes de verre d'or pour que le support en verre bleu-vert soit visible et coupez-les en six (voir p. 19). « Dessinez » les jets d'eau avec les morceaux de pâtes de verre.

**5** Coupez les tesselles noires en six et soulignez les contours de la fontaine, puis remplissez celle-ci en suivant les lignes dominantes du dessin.

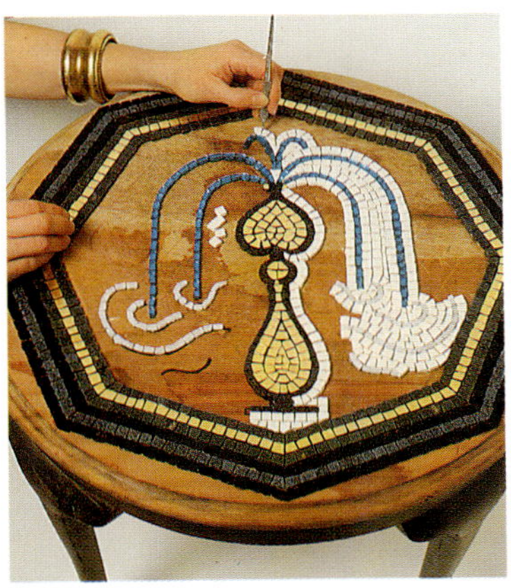

**6** Garnissez le fond avec des tesselles en céramique blanches en suivant les lignes de la fontaine et de l'eau. Continuez en progressant vers l'extérieur, de manière à mettre en valeur les « arrondis » de l'eau et à donner du mouvement à l'ensemble de la mosaïque.

Lorsque vous avez terminé, coulez le mortier de ciment sur la surface de la table, en ajoutant un peu de pigment vert au mortier sec pour accentuer le contraste entre les tesselles et les interstices (voir p. 21). Faites particulièrement attention aux bords de la table; dans certains cas, comme ici, la table peut avoir un « rebord » naturel, lequel encadrera automatiquement la mosaïque. Nettoyez à l'acide (voir p. 22).

Poncez délicatement les pieds de la table et peignez-les ; ici, la couleur utilisée est la même que celle du mortier. Cirez les pieds de la table et frottez-les avec un chiffon doux pour leur donner un éclat mat. La table est prête; vous pouvez l'utiliser tous les jours, mais faites attention à ne pas abîmer les pâtes de verre d'or.

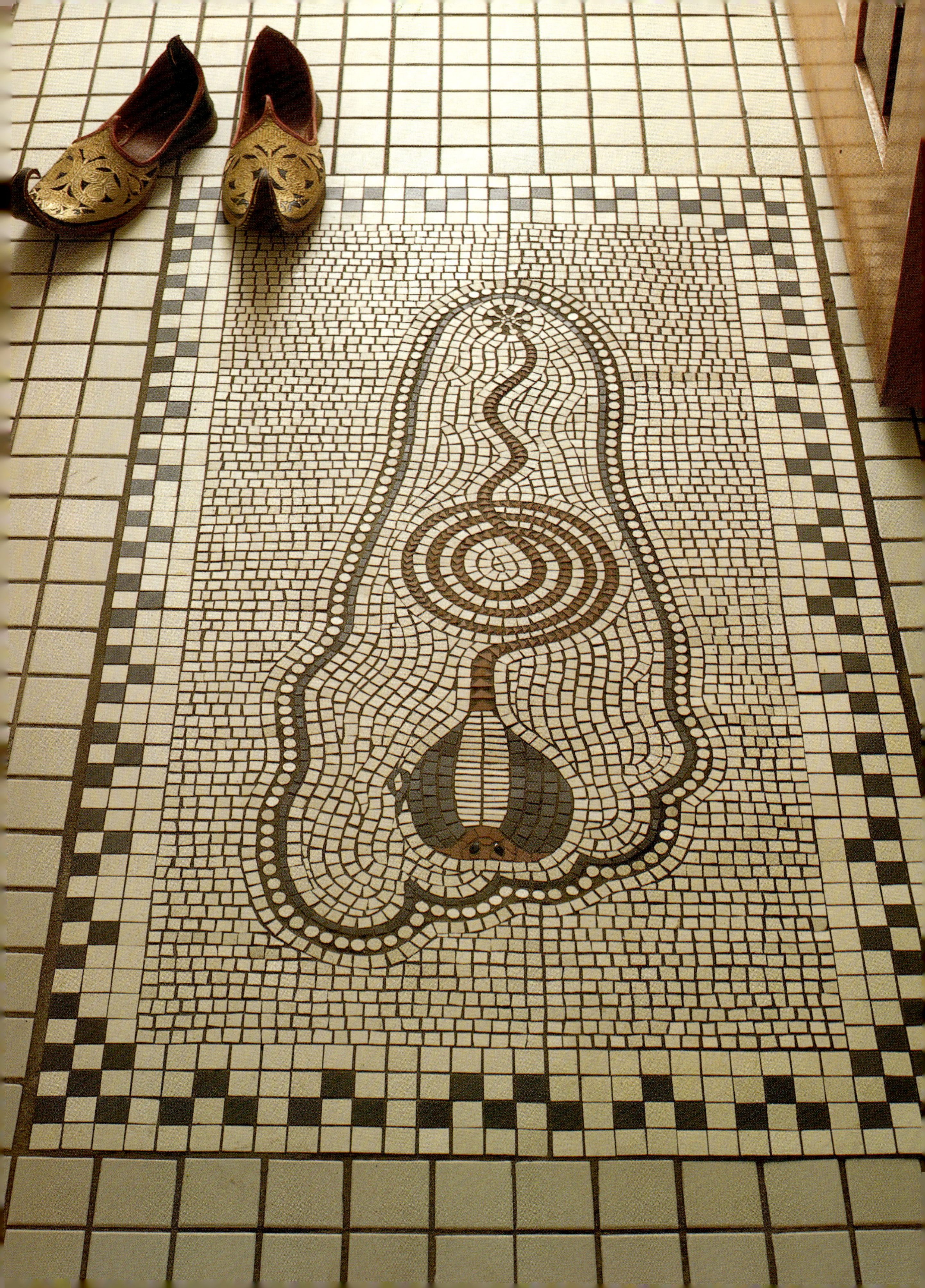

# EMPREINTE DE PIED

ELAINE M. GOODWIN

Selon la tradition indienne, l'empreinte de pied, comme la main, est un motif qui porte chance. Le cobra avec son capuchon relevé symbolise l'énergie, comme la couleur rouge utilisée. Ainsi cette petite mosaïque ornant l'entrée de la maison garde et protège la famille.

Cet *emblema* a été réalisé selon la méthode indirecte et « inséré » à l'intérieur d'une zone encadrée par des carreaux posés sur du béton. Cette technique de l'*emblema* était très couramment utilisée à l'époque des Romains.

La mosaïque de pavement a un grand intérêt fonctionnel ; elle est pratique, extrêmement résistante et d'entretien facile.

*Dimensions : 108 x 61 cm*

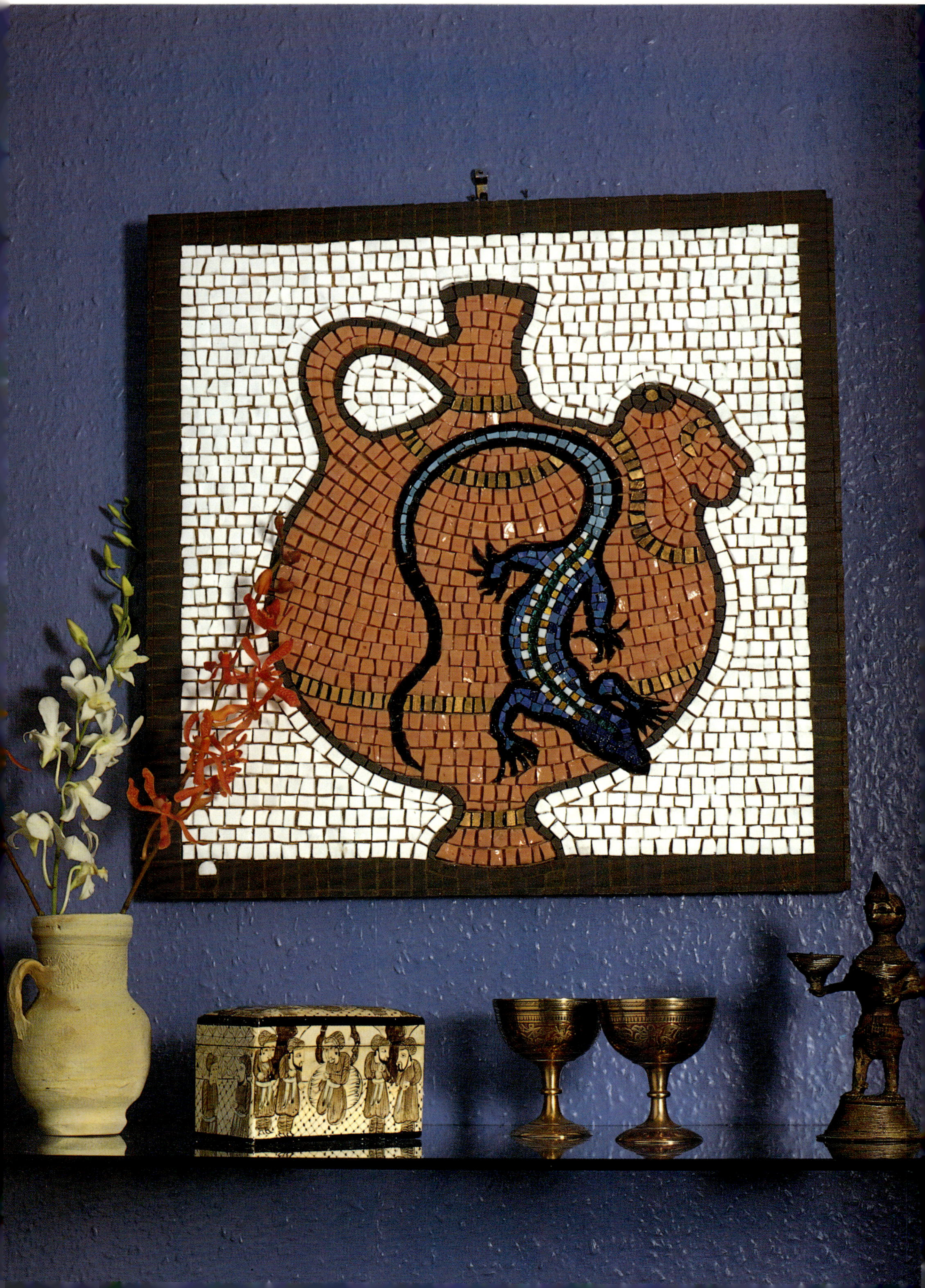

# CRUCHE INDIENNE

ELAINE M. GOODWIN

En Inde, le « chatti » ou cruche indienne, existe dans toutes les maisons. Elle est posée dans l'encadrement des portes ou dans un courant d'air, pour que l'eau reste fraîche. Celle-ci est ornée d'un lézard. La cruche et le lézard constituent un panneau mural décoratif qui évoque la vie quotidienne dans ce pays, tandis que l'écoulement du temps est symbolisé par le caractère éphémère du lézard.
Ce panneau mural, réalisé selon la méthode directe, est composé de céramique et surtout de pâtes de verre. L'intérêt des pâtes de verre est leur surface irrégulière qui réfléchit la lumière et l'intensité de leurs couleurs. Ce petit panneau laisse entrevoir les innombrables possibilités du matériau et sa beauté. Cette réalisation montre également comment se servir de la marteline et du tranchet, lesquels sont utilisés depuis plus de deux mille ans pour couper le marbre et les pâtes de verre.

*Dimensions : 46 cm x 46 cm*

**MATÉRIEL**
*• Tesselles : céramique, pâtes de verre et pâtes de verre d'or • contre-plaqué : 12 mm d'épaisseur, 45 cm de côté • marteline et tranchet • pince japonaise (pour céramique) • ciment-colle et ciment pour carrelage • crayon • feutre • couteau pointu • couteau à palette • pincettes • 2 anneaux à vis • fil de fer • brosse • matériel pour couler le mortier (sable, ciment, récipient, eau, chiffons, gants en caoutchouc, acide chlorhydrique, brosse).*

**Remarque**
*Si vous utilisez du ciment pour carrelage, enfoncez les pâtes de verre dedans à mi-hauteur, de manière à ce que les tesselles soient à demi recouvertes. Ainsi, la beauté du matériau peut être pleinement appréciée, tandis que sa surface irrégulière est maintenue par le ciment. Si la mosaïque est recouverte de mortier, le ciment-colle s'utilise normalement. La couleur perd alors en intensité, mais, s'il s'agit d'une mosaïque de petite taille, le ciment « unifie » le travail. À vous de choisir !*

1 Reproduisez le dessin directement sur le contre-plaqué, en faisant attention à sa position par rapport à l'espace environnant et aux bords de la planche.

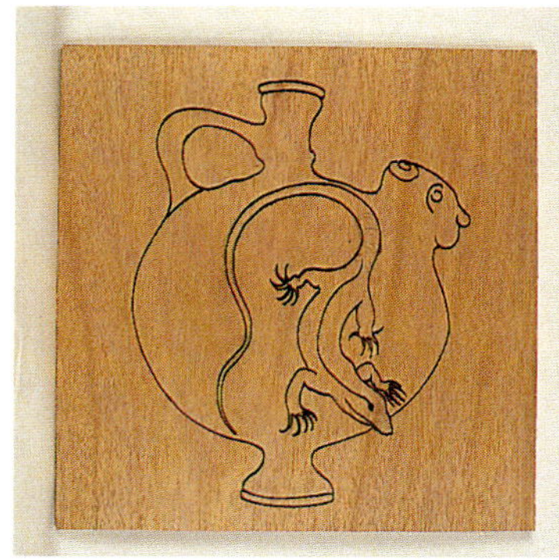

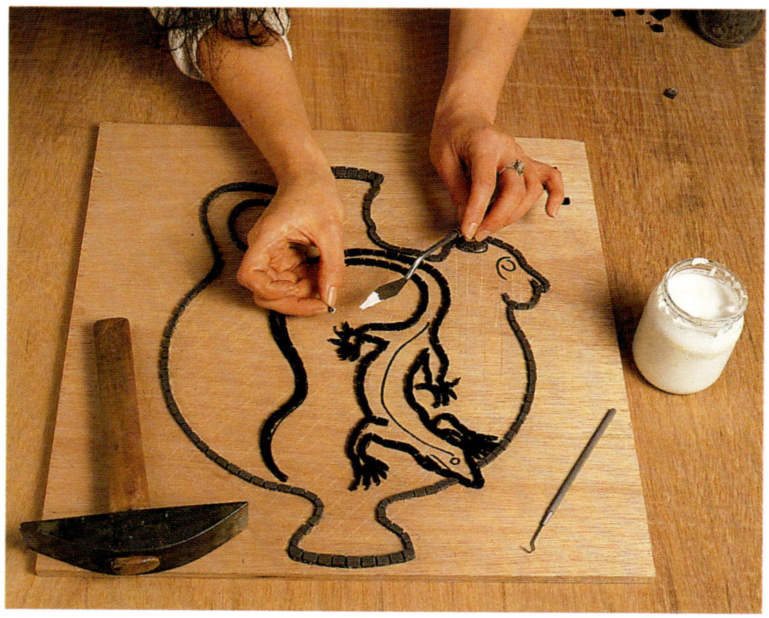

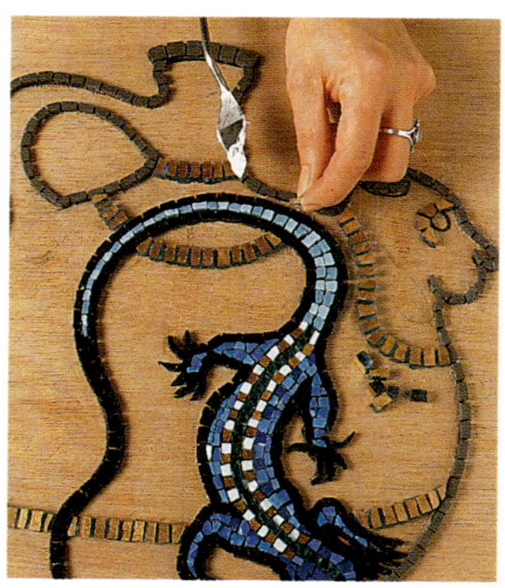

2 Dessinez les contours de la cruche avec les tesselles en céramique noire.

3 Coupez en trois les pâtes de verre noires avec la marteline et le tranchet (voir p. 18) et dessinez les contours du lézard. Toujours avec la marteline et le tranchet, coupez les pâtes de verre bleues et or en petits morceaux. Garnissez le corps du lézard en alternant les couleurs pour obtenir un damier.

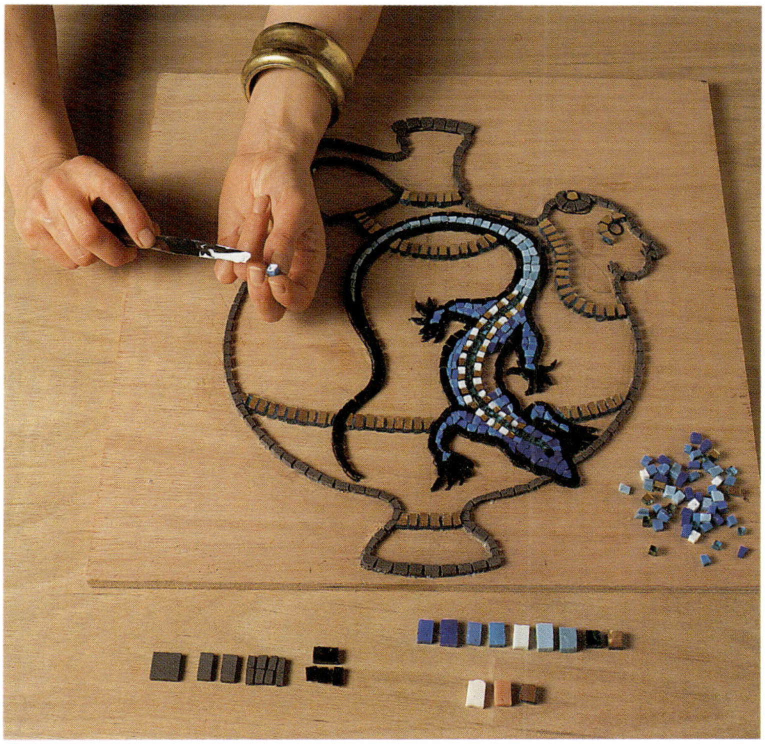

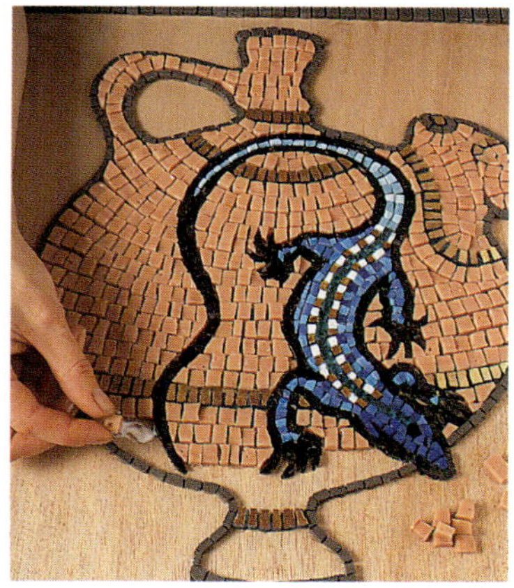

4 Soulignez certaines parties de la cruche avec des pâtes de verre d'or.

5 Coupez en deux les pâtes de verre brun-rouge clair et faites les contours de la cruche.

Faites une bordure toute simple avec les tesselles en céramique noires. Puis coupez en deux les pâtes de verre blanches et remplissez le fond en utilisant *Opus tessellatum* – une rangée entourant le pot, puis plusieurs rangées horizontales.

Encadrez la mosaïque avec une bordure de tesselles en céramique. Si vous utilisez du ciment-colle, étalez le mortier (voir p. 21) et nettoyez à l'acide (voir p. 22). Si vous utilisez du ciment pour carrelage, enlevez l'excédent avec une brosse dure et polissez la surface des tesselles. (La bordure en céramique peut être recouverte de mortier et nettoyée séparément, en utilisant du ruban-cache pour séparer cette zone du reste.) Accrochez la mosaïque comme un tableau avec des anneaux à vis et du fil de fer au dos du support.

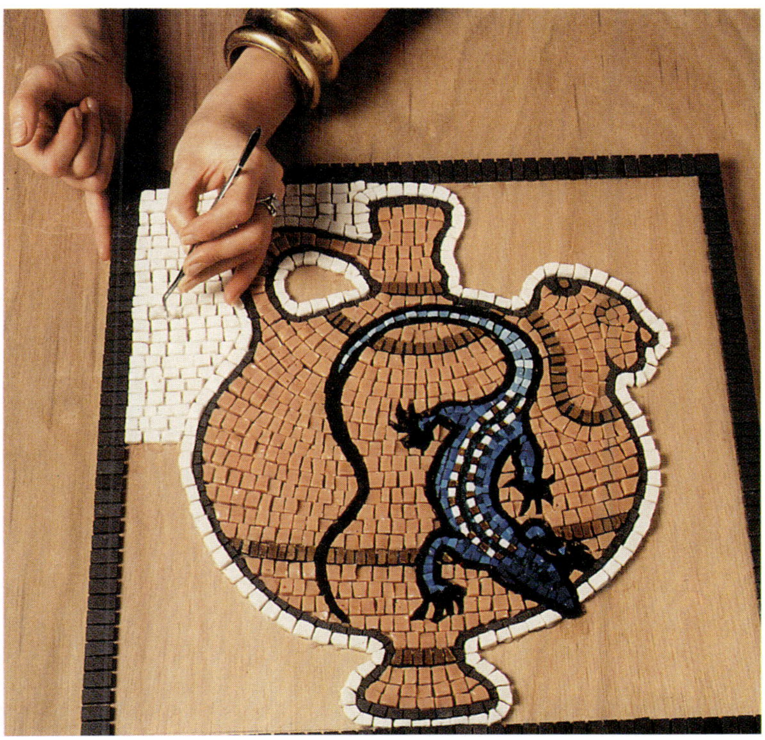

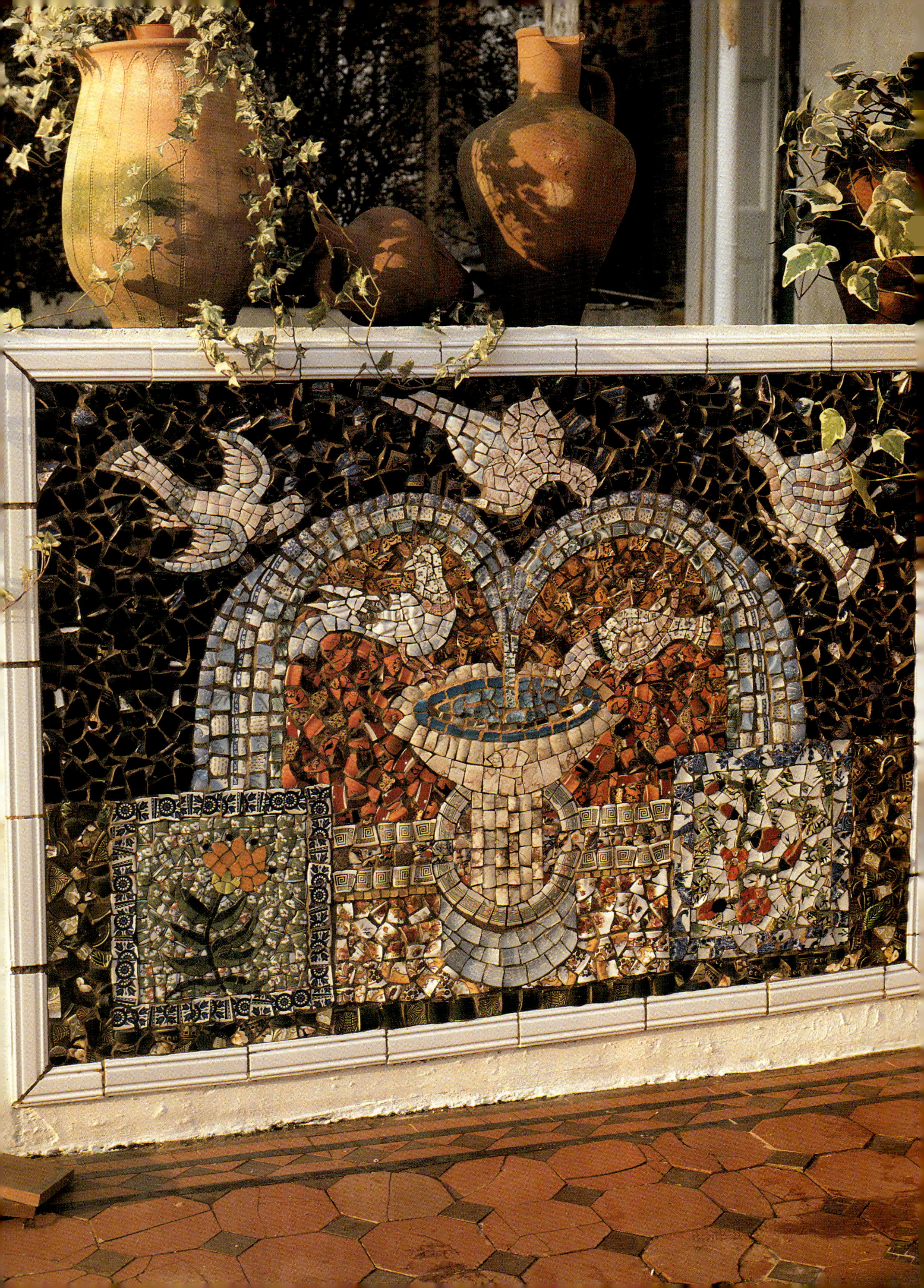

# OISEAUX À UNE FONTAINE

ELAINE M. GOODWIN
EVE JENNINGS
ET GLEN MORGAN

Cette mosaïque est une œuvre collective. De nombreuses mosaïques ne sont pas signées, résultant d'un travail de groupe ; l'anonymat est alors de règle. Lors de la réalisation de grandes œuvres faites pour durer, la conscience d'une identité commune ou de l'appartenance à un groupe émerge lorsque le décor est reporté sur le mur.

Ce panneau mural a été réalisé selon la méthode directe, avec des débris de porcelaine. La surface irrégulière de ces débris, comme celle des pâtes de verre plus coûteuses, réfléchit la lumière extérieure, créant une surface étincelante.

*Dimensions : 135 x 105 cm*

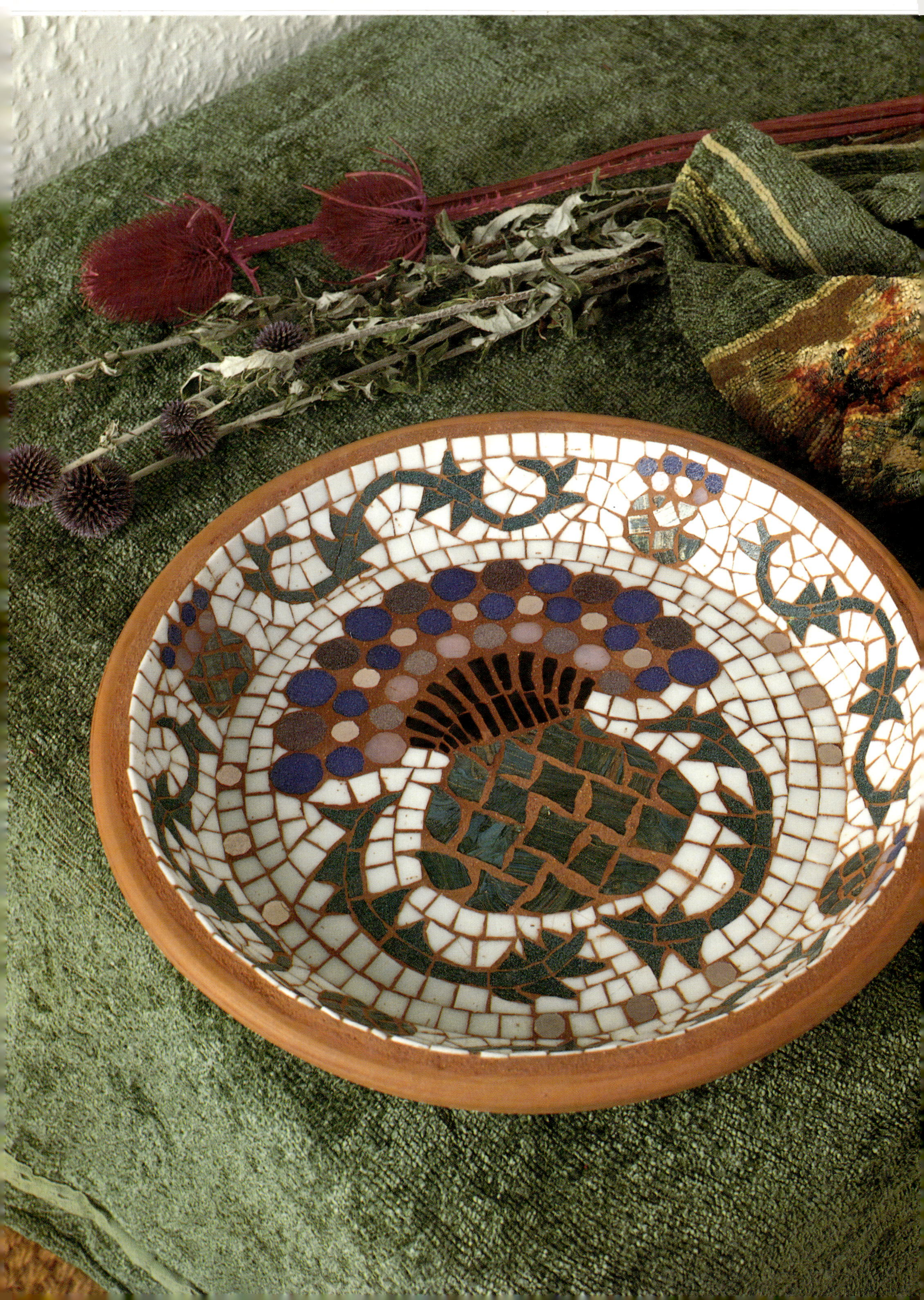

# Plat en terre cuite

GLEN MORGAN

Un simple plat en terre cuite sert de support à cette mosaïque réalisée selon la méthode directe. Le motif du chardon, inspiré directement de la nature, est simplifié et réduit à deux éléments : le cercle et le losange. De nombreuses plantes comme les iris, les pavots et les tulipes peuvent être traitées de cette manière, les pétales, les feuilles et les tiges des fleurs devenant de puissants motifs décoratifs. Ici le fond blanc contraste de manière saisissante avec les couleurs vives du décor.

*Dimensions : 30 cm de diamètre environ*

**MATÉRIEL**

*• Plat en terre cuite : 30 cm de diamètre • pince japonaise • tesselles : pâtes de verre - se reporter au texte pour les couleurs • feutre et crayon • papier • ciment-colle • couteau à palette • pincettes ou instrument similaire • gants en caoutchouc • sable rouge • ciment • truelle • gants • chiffons et éponges • récipient • acide chlorhydrique et brosse.*

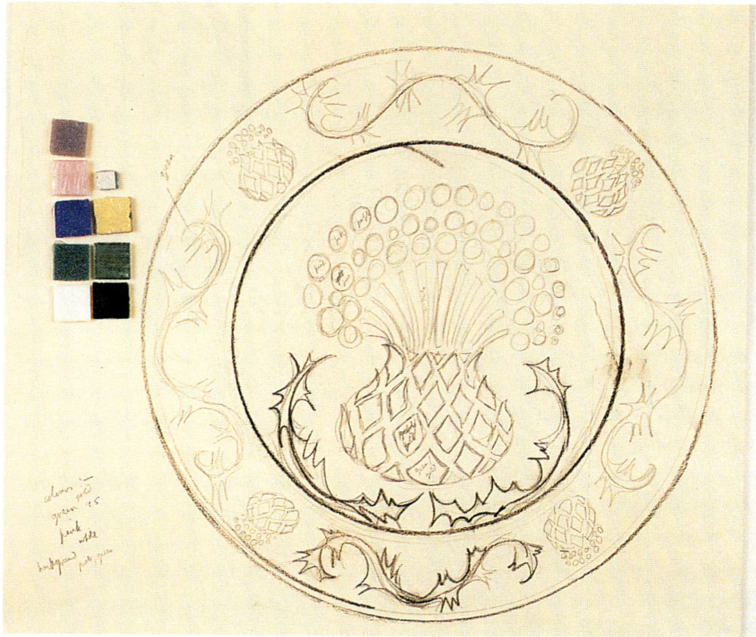

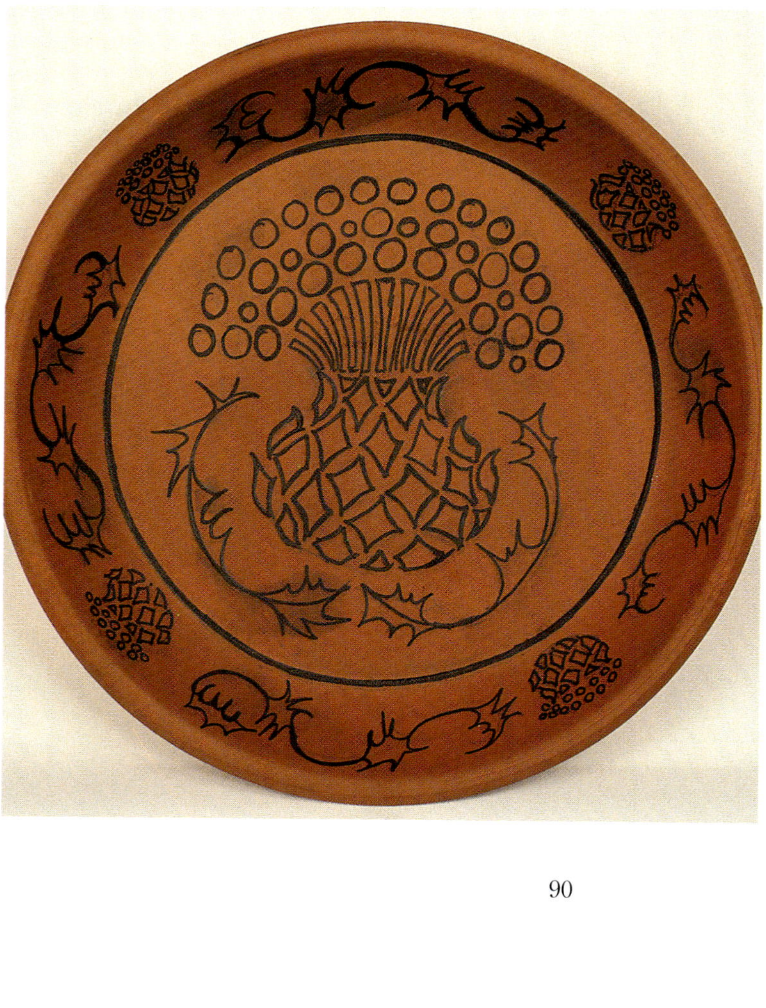

1 Dessinez le décor en grandeur réelle sur le papier.

2 Reportez le dessin (à main levée) sur le plat.

3 Coupez des ronds (voir p. 19) pour figurer la tête du chardon et collez-les au fond du plat.

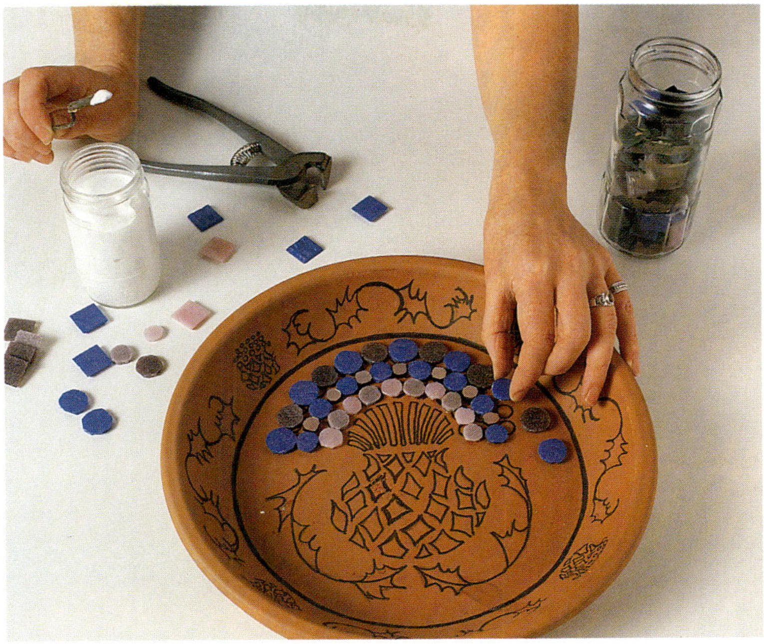

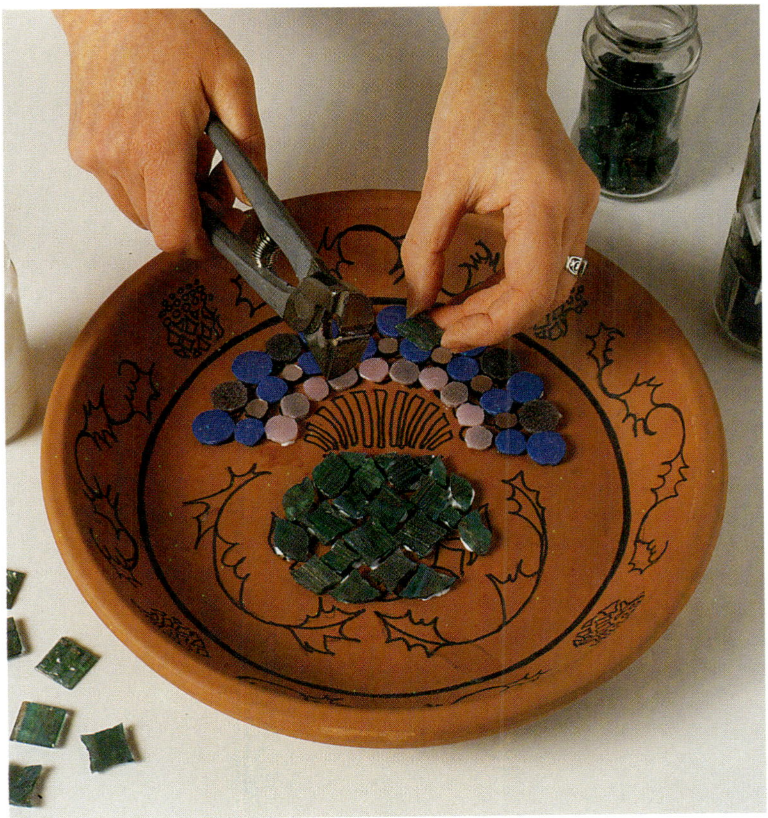

4 Coupez des losanges et des rectangles pour figurer le corps du chardon et les étamines et collez-les au fond du plat.

5 Coupez et collez sur les bords du plat des morceaux de tesselles figurant en plus petit le chardon et des feuilles ornant le fond du plat. Laissez sécher à l'air libre les tesselles enduites de ciment-colle environ une heure avant de les coller, le ciment-colle étant très liquide. Cela évitera que les tesselles ne glissent vers le fond du plat.

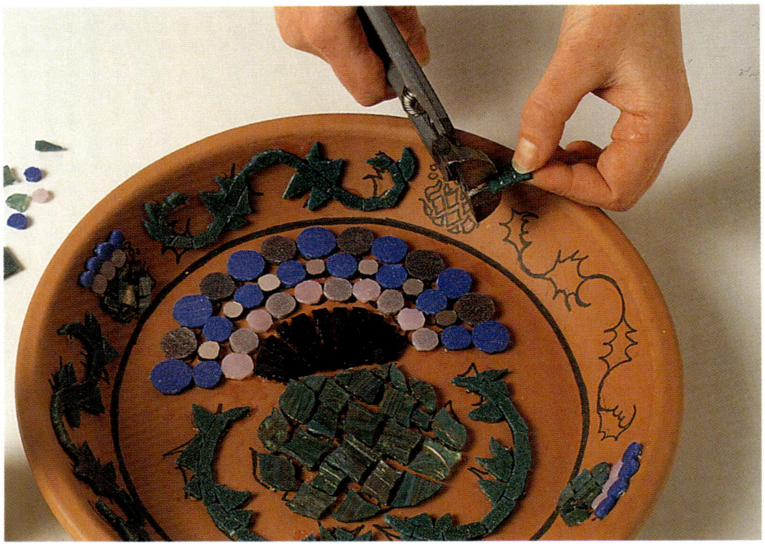

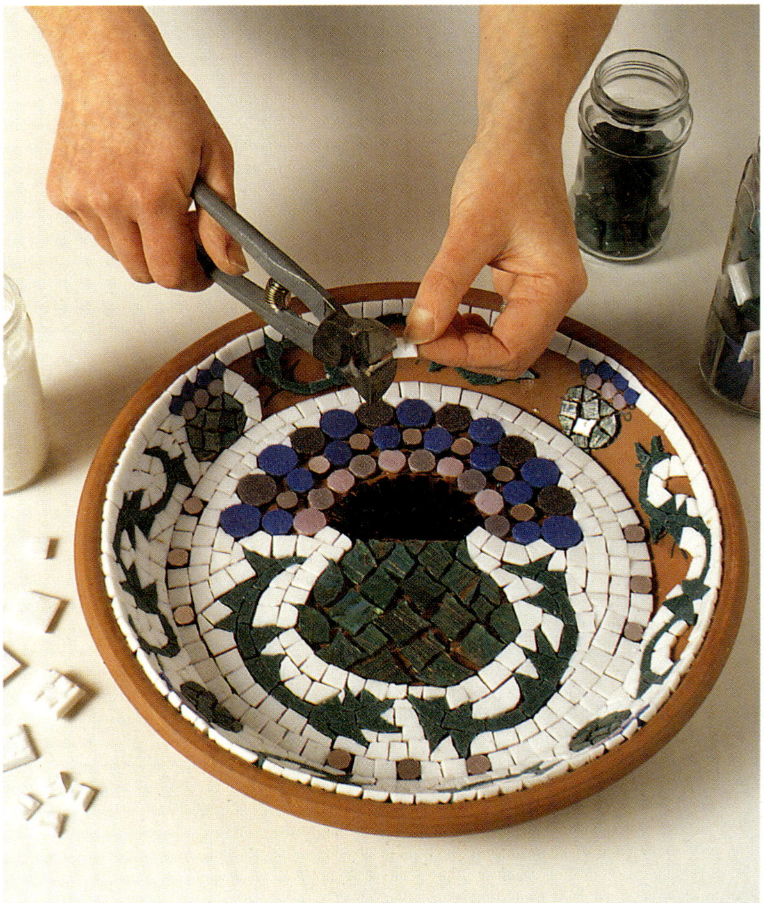

6 Garnissez le fond en commençant par le centre du plat et en terminant par les bords. Laissez libre le rebord supérieur du plat en plaçant l'arête biseautée non coupée des tesselles vers le haut. Recouvrez de mortier de ciment en faisant particulièrement attention au rebord supérieur (voir p. 21). Nettoyez à l'acide (voir p. 22), puis polissez avec une brosse douce.

# MOSAÏQUES CÉLÈBRES

## À L'ÉTRANGER

Les exemples choisis illustrent la diversité et la qualité des mosaïques existant de par le monde.

**AUSTRALIE** Melbourne, caserne des sapeurs-pompiers.

**AUTRICHE** Vienne, pavillon de la Sécession, mosaïque décorative sur la façade et les urnes. Début du XXe siècle.

**ÉGYPTE** Sinaï, monastère Sainte-Catherine, mosaïque apsidale dans le style justinien tardif. VIe siècle.

**GRÈCE** Thessalonique, Sainte-Sophie. Superbes mosaïques du VIIIe et IXe siècles.

**ISRAËL** Jérusalem, la Knesset. Pavements représentant les douze tribus. Marc Chagall, vers 1960.

**ITALIE** Florence, baptistère San Giovanni in Fonte de la cathédrale, Ve siècle.

Otranto, pavements de la cathédrale, vivants et naïfs. XIIe siècle.

Pompéi, *Bataille d'Issos de la maison du Faune* (Musée de Naples), Ier siècle ap. J.-C.

Ravenne, Parco della Pace. Plusieurs œuvres murales et en volume contemporaines. Mosaïques byzantines : basilique Saint-Vital, Saint-Apollinaire-in-Classe, Saint Apollinaire-le-Neuf, Mausolée de Galla Placidia, baptistère des Ariens, Ve et VIe siècles.

Rome. Mosaïques chrétiennes : Saint-Jean-de-Latran.

Sicile, Monreale. Messine : église Saint-Grégoire, XIIe siècle.

Sicile, Piazza Armerina. Pavements, forte influence africaine. IVe siècle.

Tivoli, villa d'Hadrien (Musée du Vatican), IIe siècle ap. J.-C.

Venise, basilique Saint-Marc, XIIIe siècle.

**MEXIQUE** Mexico. Nombreuses mosaïques murales de Rivera, Eppens, O'Gorman et Siqueiros. Vers 1950.

**PORTUGAL** Coimbra. Superbes pavements romains *in situ*. IIIe et IVe siècles.

**ESPAGNE** Cordoue, cathédrale. Mosaïque islamique décorative dans le Mihrab de l'ancienne mosquée intégrée dans la cathédrale. Xe siècle.

**SUÈDE** Stockholm, salle de banquet de l'Hôtel de Ville. Syle néo-byzantin. Einar Forseth, vers 1950.

**TUNISIE** Tunis, musée Bardo. Importante collection de mosaïques romaines très bien conservées. IIIe et IVe siècles.

**TURQUIE** Istanbul, Sainte-Sophie. Nombreux fragments de mosaïques chrétiennes. XIe au XIIIe siècles.

**ÉTATS-UNIS** New York, Coney Island, façade de la William O'Grady School. Ben Shahn, vers 1950.

**GRANDE-BRETAGNE** Londres, Albert Memorial. Mosaïque de Salviati et son atelier. Fin XIXe siècle.

British Museum. Nombreuses mosaïques dont la mosaïque de Hinton St. Mary (environ 350 av. J.-C.) National Gallery. Pavement représentant l'âge « moderne », méthode indirecte. Boris Anrep, 1927-52.

## MOSAÏQUES EN FRANCE

**GERMIGNY-DES-PRÉS** (Loiret). L'Arche d'Alliance.

**PARIS**, Louvre. Mosaïques romaines et sumériennes. Maison de la radio par Bazaine, XXe siècle. Station de métro de Cluny, par Bazaine, XXe siècle.

**SAINT-PAUL-DE-VENCE** Fondation Maeght, XXe siècle.

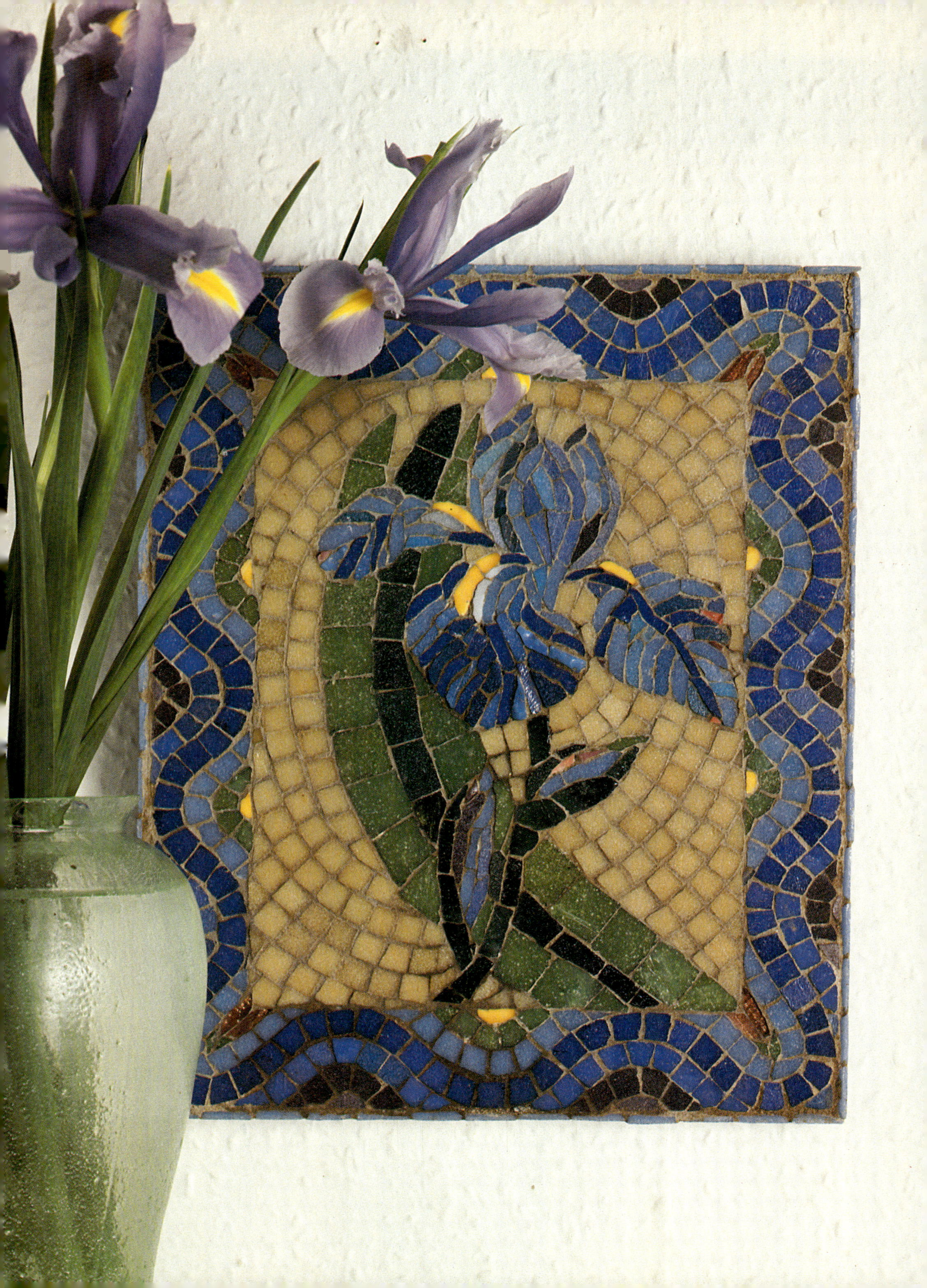

# Aux Éditions Fleurus

## Savoir créer

### Artisanat contemporain

78. Décoration de la céramique
79. Papier mâché
80. Paniers et corbeilles
83. Mobilier peint
85. Mosaïques d'aujourd'hui
101. Laque et dorure

### Décoration de la maison

111. Bougies et bougeoirs
112. Pochoirs pour la maison
Coffret kit Pochoirs pour la maison
119. Merveilles pour Noël
120. Motifs champêtres sur bois, tôle, émail, terre
142. En attendant bébé
143. Créations en mosaïque pour le jardin et la maison
145. L'encadrement déco
148. L'art des fleurs
149. Objets déco pour le jardin

### Annie Sloan

86. Meubles et cadres en bois peint
138. Effets décoratifs sur bois
139. Pochoirs et tampons décoratifs
140. La dorure
141. Peintures à effets décoratifs

### Art du pliage

56. Origami/1
65. Origami/2
71. Origami/3
72. L'encyclopédie des origami
75. Pliages de serviettes
108. Pliages : bateaux et avions
122. Origami : grands pliages d'animaux

### Art et techniques

20. Peinture paysanne pour tous
48. Peinture sous verre
51. Peinture sur porcelaine : techniques pour tous
64. Le plaisir d'encadrer comme un professionnel
66. La reliure
73. La peinture décorative : trompe-l'œil, imitation marbre bois et autres effets
77. Introduction à l'encadrement
82. La marqueterie comme un professionnel
87. La fresque
89. Masques
90. Marionnettes : atelier et création
91. L'art et la manière de fabriquer son papier
94. Le vitrail : techniques et création
103. L'art et la manière d'encadrer
104. Meubles en peinture paysanne
105. La restauration des sièges
107. Coquillages, sable et galets
110. Le grand livre des abat-jour
113. Peinture sur soie : atelier et création
121. Imitation marbre & bois avec des pochoirs
124. Encadrements d'artistes
127. Peindre en trompe-l'œil
131. Peinture sur verre
132. Peinture sur porcelaine
136. Encadrez vos photos
147. Art de la peinture paysanne

### De fil en aiguille

95. Le patchwork, atelier et création
115. Patchwork, jeux de miroirs
116. Petits modèles au point de croix
117. Broderie sur canevas
118. Encyclopédie de la broderie : plus de 400 points
125. Encyclopédie du tricot à la main
126. 500 modèles au point de croix
130. Babar, Spot, Mimi et les autres au point de croix
133. Housses nappes et coussins à faire soi-même
134. Stores voiles et rideaux à faire soi-même
144. Le Petit Prince, Oui-oui et les autres au point de croix

### Luxe

96. Encadrement passion
100. Meubles peints pour chambre d'enfant
114. Décoration sur porcelaine
135. Art de peindre la porcelaine

### Créa passion

123. Bouquets de fête en papier crépon
128. Bijoux de rêves à faire soi-même
129. Gravure sur verre
137. Printemps déco

## ENCYCLOPÉDIES

1. L'encyclopédie de la poterie : techniques et création contemporaine
2. L'encyclopédie de l'aquarelle : aquarelle-gouache-acrylique
4. L'encyclopédie de la peinture à l'huile
5. L'encyclopédie du pastel
6. L'encyclopédie du papier : origami, art, création
7. Encyclopédie : les bases du dessin
9. L'encyclopédie du crayon de couleur
10. L'encyclopédie des peintures à effets décoratifs : trompe-l'œil, imitation bois et marbre
11. L'encyclopédie de la peinture acrylique
12. L'encyclopédie des techniques de peinture : huile, aquarelle, acrylique, pastel...

## LES SECRETS DE L'ARTISTE

7. Les secrets de la perspective
11. Les secrets de la peinture chinoise
12. L'Art de la composition et du cadrage
13. Le collage, art du XX^e siècle
15. Secrets de peintres : apprêts, marouflage, pigments...
17. Le pastel, art de la couleur
18. La couleur et ses accords
19. Le jardin de l'aquarelliste
20. La sculpture, art du modelage : terre, plâtre, cire, résines, pâtes
21. L'atelier de l'aquarelliste
22. L'art de peindre à l'aquarelle
23. Fleurs en liberté, aquarelle
24. L'atelier du peintre à l'huile
25. L'atelier du pastelliste
26. Le corps humain, nu et anatomie
27. Fleurs des jardins à l'aquarelle
28. Aquarelle l'eau créatrice
29. Une leçon de dessin
30. Une leçon d'aquarelle
31. Le portrait, visages et expressions

## COLLECTION MANIE-TOUT

3/ Marionnettes à fils
5/ Le tapissier amateur. Réfection de sièges
6/ Cannage Rempaillage
11/ Le livre complet de la peinture sur soie
12/ Masques aux quatre saisons
14/ Cadrans solaires, construction et décoration
17/ L'artisan-vernisseur
20/ Modelage moulage
21/ La vannerie, techniques et réalisations

## CARACTÈRES

1. Calligraphie latine
2. Calligraphie chinoise
3. Calligraphie arabe